Homossexualismo

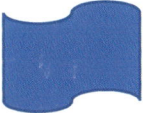

Na Igreja

Homossexualismo na igreja

Abdenal Carvalho

Copyright 2019   Abdenal Carvalho

Título: Homossexualismo na Igreja Cristã

Revisão do autor

Capa do autor

/ 133 páginas

Categoria: Comentário Bíblico

Esta obra segue as regras da Nova Ortografia da Língua Portuguesa. Todos os direitos reservados.

São proibidos o armazenamento e/ou a reprodução de qualquer parte dessa obra, através de quaisquer meios — tangível ou intangível — sem consentimento escrito pelo autor. A violação dos direitos autorais é crime estabelecido na lei n° 9.610/98 e punido pelo artigo 184 do código penal brasileiro.

Dedicatória

Através desta obra desejo homenagear a todos os meus leitores, em qualquer parte onde for possível alcança-los, bem como aos irmãos e irmãs na fé em Cristo Jesus nosso Salvador. Desejando a igreja do Senhor as ricas bênçãos de Deus e que esta possa buscar incansavelmente a santificação, afim de apresentarem ao Eterno Redentor seus corpos como sacrifício vivo, sem qualquer mancha ou mácula de pecado.

Sumário

Introdução 9

Capitulo 1 – Imoralidade Sexual..9

Capítulo 2 – Conceitos Sobre o Homossexualismo....................27

Capítulo 3 - Homossexualismo na Igreja...................................39

Capítulo 4 – Como Deus Vê o Homossexualismo 65

Capítulo 5 – Como Deus vê o Homossexual..............................71

Capítulo 6 – Lidando com Honossexuais...................................85

Capítulo 7 – Homossexuais na Igreja...94

A Carta De Um Ex – Homossexual.................................... 103

Referencias.. 123

Biografia.. 125

Contartos 127

Introdução

A alma humana é um dos bens mais preciosos para seu Criador, por essa razão ele insiste desde a alienação do homem no Jardim, até hoje, em resgatá-lo de sua vã maneira de viver. Porém, o mesmo espírito de rebelião que instigou a mulher para que comesse do fruto proibido e convencesse seu marido a fazer o mesmo, levando ambos a queda, continua até hoje sendo o pivô da separação entre os seres humanos e Deus. Satanás nunca desistiu de destruir aquele que o Senhor criou e deu a honra de ser considerado sua imagem.

Devido tamanha glória que um dia possuiu, antes de se rebelar contra o Eterno, achou humilhante que logo um ser criado do pó da terra recebesse tamanho mérito de ser considerado uma cópia quase autentica do Criador, tendo sido ele outrora bem mais glorioso que o homem.

A verdade em toda essa história da peleja entre o diabo e o Altíssimo é que ele não se conforma em ter sido expulso do paraíso ser lançado na escuridão (Apocalipse 12:7-9) seguido por seus anjos caídos, os Querubins que o seguiram em rebeldia. Enquanto vê Deus se esforçando para resgatar a alma humana para si, sem dá a menor chance de reconciliação a ele a seus demônios.

Visto que perderam a oportunidade depois da sentença condenatória dada pelo Todo Poderoso. Por saber que já foi julgado e determinada a sua sentença final. Satanás corre contra o tempo na intenção de levar com ele para as profundezas do abismo o maior número possível de almas. Logo após ter subido do Éden aos céus na intenção de tirar Deus de seu trono e reinar sobre seus ungidos Lúcifer, atua tentador, enfrentou o julgamento divino que declarou seu castigo eterna.

Podemos ter uma ideia deste momento único ocorrido nos céus, lendo o que nos revelou o profeta: "Tu eras o querubim, ungido para cobrir, e te estabeleci; no monte santo de Deus estavas, no meio das pedras afogueadas andavas. Perfeito eras nos teus caminhos, desde o dia em que foste criado, até que se achou iniquidade em ti. Na multiplicação do teu comércio encheram o teu interior de violência, e pecaste.

Por isso te lancei, profanado, do monte de Deus, e te fiz perecer, ó querubim cobridor, do meio das pedras afogueadas. Elevou-se o teu coração por causa da tua formosura, corrompeste a tua sabedoria por causa do teu resplendor; por terra te lancei, diante dos reis te pus, para que olhem para ti. Pela multidão das tuas iniquidades, pela injustiça do teu comércio profanaste os teus santuários.

Eu, pois, fiz sair do meio de ti um fogo, que te consumiu e te tornei em cinza sobre a terra, aos olhos de todos os que te veem. Todos os que te conhecem entre os povos estão espantados de ti; em grande espanto te tornaste, e nunca mais subsistirá" (Ezequiel 28:13-19) Eis aí a razão definitiva do porquê de nós seres humanos sermos alvo da perseguição de satanás.

Ele nos odeia pelo fato de despertarmos a atenção do Criador e pela razão dele ter demonstrado tão grande amor por nossas almas. Ao ponto de dar a vida de seu Unigênito na cruz, só para nos resgatar para si. As Escrituras afirmam que somos "as meninas dos olhos de Deus", sua relíquia, sua mais preciosa Criação. Por todas essas qualidades que nos foram dadas pelo Senhor o Diabo cria diversas formas de planos para nos manter alienados da graça que nos foi outorgada no Calvário.

Seu principal propósito é impedir que a igreja seja elevada ao encontro de seu noivo nas nuvens, no dia do arrebatamento. Tudo ele fará para impedir que ocorra esse grande acontecimento para os cristãos, está disposto a perseguir, acusar, torturar, matar e colocar tropeços diante dos eleitos para causar-lhes a queda. Suas armas são a rebelião, o pecado deliberado, o engano, a imoralidade e a apostasia.

Destes, iremos aprender nesta obra sobre o que mais tem conseguido habitar no seio da igreja, sendo aceito livremente pela maioria dos cristãos, a homossexualidade. O inimigo de Deus e de seus escolhidos vem perseguindo a Noiva do Cordeiro desde dos primórdios do cristianismo, fazendo uso de todos os seus artifícios para impedir o avanço do Evangelho, porém foi tudo em vão.

E a salvação do pecador que começou em Jesus, a mais de vinte séculos atrás, chegou até aqui, em nossos dias. Entretanto, o maligno encontrou uma maneira de colocar no meio da cristandade um vírus que se multiplica a casa segundo, contaminando a alma, através do corpo, dos que já estavam salvos. O perverso usa o desejo sexual para conduzir o homem às mais diversas formas de imoralidades.

Que vai do sexo livre ao envolvimento íntimo entre pessoas do mesmo sexo. Os homens, se passando por mulher, entregam seus corpos para satisfazer os mais infames prazeres de outro homem. As mulheres, inflamam-se em desejos por outras semelhantes a elas. E isso ocorre tanto lá fora, no mundo secular, como dentro dos grupos religiosos.

A prostituição, a imoralidade, a pornografia e tudo o que provém do sexo se faz tanto pelos perdidos quanto pelos que deveriam ser salvos em Cristo. Vale à pena indagar se de fato ainda existem cristãos verdadeiros neste século. Será que ainda nos mantemos íntegros a fé que um dia abraçamos? O sacrifício feito no Calvário pelo Filho de Deus ainda causa efeito em nossas vidas ou já fomos vencidos por completo pelas densas trevas que dominam essa geração que nos cerca? A resposta deverá vir do íntimo de cada um, de cada cristão em particular.

E para isso devemos refletir em como estamos vivendo espiritualmente diante do Senhor e deste mundo perdido. Nós repugnamos a forma imunda como os descrentes vivem ou apoiamos suas práticas vergonhosas? Condenamos a maneira como os ímpios praticam sua sexualidade ou somos coniventes com suas escolhas?

Que tipo de cristão escolhemos ser, do tipo que considera a união íntima de dois homens ou duas mulheres uma abominação perante os olhos do Senhor. Ou concordamos com a ideia moderna de que essa pouca vergonha significa a evolução humana? Viver na prática da imoralidade sexual é a maneira mais correta da humanidade evoluir, no nosso ponto de vista, é um declínio moral e um atraso evolutivo? Dependendo da resposta a estas perguntas saberemos, de fato, de que lado estamos.

Se em santidade com Deus ou em condenação com satanás. Esta obra representa a todos os leitores um momento de reflexão sobre as verdades bíblicas, a respeito das exigências divinas para que o homem possa ser salvo, se mantendo fiel até a morte, quando receberá sua coroa da vitória que lhe dará direito a vida eterna. Desejo a todos uma ótima leitura e que Deus ilumine suas mentes.

Capitulo 1 – A Imoralidade Sexual

A igreja cristã sobreviveu durante séculos a perseguição de seus inimigos e conseguiu conquistar a liberdade necessária para viver amplamente em adoração a Deus sem ter que viver sob as ameaças e perseguições do passado, porém, não chegou neste século sem algumas graves sequelas espirituais.

Os primeiros cristãos nos primórdios do cristianismo e os reformadores no Século XIV, que pagaram com sangue por essa liberdade, sequer imaginaram que a vitória custaria um preço ainda maior no futuro, quando a maioria daqueles por quem eles e Cristo morreram iriam apostatar da fé e desprezar o sacrifício que deles receberam em prol de suas vidas.

Ao conhecer a trajetória sofrida dos precursores da igreja moderna e as torturas pelas quais passaram em várias partes do mundo, o martírio dos apóstolos e daqueles que foram presos, torturados, crucificados, queimados vivos, cerrados ao meio, degolados e enforcados. Tudo para que hoje qualquer pessoa pudesse ter em mãos um exemplar da Bíblia Sagrada e conhecer o plano de salvação de Deus para o homem, sem proibições e ameaças, ficamos indignados ao ver o descaso dos atuais discípulos de Cristo.

Eles que, ao invés de reconhecer o valor de tudo o que foi feito afim de nos permitir a salvação de nossas almas, simplesmente rejeitam viver separados do pecado e da devassidão. Voltados à santificação de seus corpos no intuito de agradar nosso Salvador, escolhendo, ao invés disso, andar de mãos dadas com o secularismo e o mundanismo que só serve para separar o homem da comunhão com seu Criador.

A santidade do corpo é uma das principais exigências para o cristão, segundo nos revelam as Escrituras, e é uma condição essencial para alcança a salvação da alma. Entretanto, com o surgimento das religiões neopentecostais e as novas formas de doutrinas com ênfase ao absolutismo e a busca desenfreada pelo materialismo.

Os antigos defensores da fé pentecostal trocaram os dons do Espirituais, prometidos por Jesus aos que cressem, pelo poder que o dinheiro lhes pode dar, bem como todas as possibilidades de luxúria e prazeres que ele oferece. Passou aquela época em que os cristãos estavam preocupados apenas em serem salvos e um dia serem levados ao encontro de Cristo nos ares. O arrebatamento da igreja passou a ser visto como um conto de fadas, o importante é o hoje, o agora, e tudo o que podem fazer e viver no presente.

O futuro é uma incógnita na mente dessa nova geração de discípulos, eles passaram a crer nos conceitos pós modernistas sobre a criação do universo, acreditando nas fábulas científicas e na loucura da mente humana, perderam o temor do Divino e Sagrado, escolheram seguir o materialismo e não o espiritual.

2. A Prática do Sexo livre Entre Cristãos

Houve uma época em que pastores e líderes das comunidades evangélicas preocupavam-se apenas com os casos de sexo fora do casamento entre os jovens e adolescentes, agora o problema se estendeu também aos adultos e até aos membros mais idosos de nossas igrejas. Há vários casos de pessoas solteiras que, após a separação ou divórcio do antigo conjugue.

Passam a se relacionarem sexualmente com novos parceiros de dentro ou fora da comunidade cristã. Alguns, para evitar serem disciplinados ou desligados de seus cargos eclesiásticos, praticam seus atos às escondidas. Tem aqueles que se envolvem com descrentes, desviados da fé ou estão na prática do adultério, vivendo relacionamentos clandestinos, traindo seus maridos ou esposas.

Os evangélicos de hoje, na sua grande maioria, perderam o temor e brincam de pecar. E o pior de tudo não é o simples fato deles viverem à regalia, provando das lentilhas que o mundo oferece. Mas dos escândalos oriundos desses atos impensados e irresponsáveis, pois isso gera críticas por parte dos incrédulos que apontam seus pecados e zombam do Senhor.

Além do que, enfraquece a autoridade daqueles que se mantem firmes no propósito de adorar com sinceridade a Deus e pregar o Evangelho de Cristo aos perdidos. Séculos atrás, quando rompeu na Europa a Reforma protestante, os cristãos traziam no peito um coração apaixonado pelo cristianismo, eles morriam por essa causa que em nossos dias foi jogada na lama por essa geração.

Talvez alguém diga: "mas atualmente o Evangelho está sendo mais pregado pelo mundo, surgem novas igrejas a cada dia e nunca as pessoas ouviram tanto falar sobre Jesus!" Sim, é uma verdade. Porém, todo esse barulho feito no propósito de anunciar a volta do Senhor e despertar no pecador a necessidade de arrependimento nada resultará, se ficarem apenas em palavras e continuar existindo essa imensa ausência de testemunho.

De que adianta para os descrentes ouvirem alguém dizer que eles precisam se converter ao Evangelho e entregar suas vidas à Jesus. Para serem salvos, e em seguida testemunharem aquele mesmo pregador cometendo os as mesmas práticas infames nas quais eles vivem diariamente? Por essa razão o apóstolo Tiago advertiu aos irmãos da igreja primitiva que as obras de justiça devem acompanhar a fé, para que essa não seja morta (Tiago 2:26)

O sexo livre passou a ser uma forma de lazer entre os cristãos de todas as idades, os motéis estão sempre cheios deles. Dificilmente uma jovem comparece pura diante do altar numa cerimônia de casamento, como acontecia no passado. A virgindade se tornou um tabu para elas da mesma maneira que para as ímpias. Seguem na íntegra o modelo mundano, ainda na adolescência vão para cama com seus namorados.

Algumas já se vestem de noivas grávidas e casam-se às pressas apenas para encobrir suas prostituições. E os pais, que deveriam tentar evitar a pluralidade de tais atos, são os primeiros a encobrir os erros dos filhos pelo simples fato de terem cometido as mesmas coisas no passado.

Homossexualismo na Igreja

Não é à toa que os opositores do Evangelho alegam ser a igreja evangélica uma farsa. Afirmando que os crentes usam a Bíblia como uma máscara para ocultar suas verdadeiras faces manchadas pelo pecado. E é uma verdade que não podemos negar. Certa vez ouvir um líder evangélico comentando com um de seus auxiliares que não contestava o fato dos jovens de sua congregação viverem na prática do sexo livre porque entendia terem eles necessidade de se relacionarem sexualmente.

Bem, de fato todos necessitam disso, porém, como fica Deus diante dessa situação vivida por seu povo, quando diz que devemos ser santos, pois ele é santo? (Levítico 19:1,2) E sua advertência para que não vivêssemos nos mesmos costumes dos povos em redor? (Levítico 18:1-5) E a advertência do escritor da carta aos Hebreus sobre ser a santidade a condição essencial para que possamos ver a Deus? (Hebreus 12:14)

Ora, se os jovens precisam de sexo que se casem, e se não possuírem condições financeiras para isso, que os pais acolham seus filhos e noras em suas casas para que possam evitarem a lascívia e se unirem em matrimonio como requer a Palavra de Deus, sem causar escândalos ao nome do Senhor e da igreja que fazem parte.

A cultura secular ensina a nossos jovens a demoníaca ideia de que o sexo é permissível para qualquer idade, bastando para isso o uso de preservativos para evitar contrair doenças sexualmente transmissíveis e uma gravidez indesejada, o que na realidade em nada contribui, pois a irresponsabilidade deles vai além da compreensão e acabam dando pouca importância a estes detalhes, resultando numa quantidade absurda de adolescentes grávidas e uma fila enorme de pessoas contaminadas com o HIV, aguardando a hora da morte sem jeito de evita-la.

A mídia se encarrega de orientar a juventude de duas maneiras: A primeira, avisando-os da necessidade de se resguardar do perigo de contrair doenças e gerar vidas sem qualquer responsabilidade. A segunda, incentivando-os a praticar o sexo livre e descompromissado. E, diante de da indecisão, eles optam em seguir o caminho da liberalidade por ser mais fácil a busca pela satisfação dos seus desejos aflorados nesta fase da vida.

Vivemos o pior período da raça humana, onde exercer o papel de pais é algo fútil, diante das leis criadas em apoio à rebeldia juvenil e que tiram nosso direito de agir rispidamente contra certas decisões tomadas por nossos filhos. Obrigando-nos a baixar a cabeça e concordar, por exemplo, com um filho que decide ir pra cama com a namorada ou a adolescente que engravidou, sem impor qualquer castigo ou disciplina que lhe faça compreender a seriedade de seus atos.

A verdade é que acontece em nossa sociedade uma verdadeira disputa entre os pais de famílias e as autoridades que a todo momento maquinam e criam leis que tiram daqueles o poder de liderar suas casas e conduzir seus filhos por caminhos corretos. E essas leis que destroem a autoridade dos líderes familiares vão do impedimento de um filho trabalhar honestamente para contribuir nas despesas de casa até o direito deles viverem absolutos.

Sem qualquer oposição de quem quer que seja. Daí surgiram os conhecidos marginais mirins, adolescentes que por não poderem trabalhar vão para as ruas cometerem graves delitos, como assaltos e crimes, levando o terror à sociedade que se encontra de mãos atadas sem ter como se defender. E, junto a isso, só aumentam as fileiras de mães solteiras e menores de idade diante dos postos de saúde.

Homossexualismo na Igreja

Como resultado dessa decisão abominável das autoridades desse país em dar a uma classe sem juízo o direito de tomar suas próprias decisões. Nenhuma lei trouxe maiores consequências à sociedade brasileira do que o Estatuto do Menor e Adolescente. Lei criada ainda na administração do ministro Ulisses Guimarães, que alegava está criando uma forma de dar proteção aos menores.

Entretanto, acabou por criar uma verdadeira escola para o crime e a prostituição infantil. O Estatuto impede os menores de trabalhar para se dedicarem aos estudos, porém, a mesma lei não obriga estes a frequentarem a escola, resultando na evasão escolar e no aumento de delinquência juvenil. Uma lei inútil e prejudicial para uma nação que hoje vive sob a ameaça da violência urbana. A polícia não pode punir o delinquente, a ordem da justiça é prender e entregar para os conselheiros que, depois de dá umas orientações lhes deixam novamente soltos pelas ruas afim de voltarem a cometer novos barbaridades.

Ocorre da mesma maneira quanto a vida promíscua das menores, que se prostituem deliberadamente com outros da mesma idade e engravidam de forma descontrolada, gerando vidas sem qualquer condição de educa-las, sobrando para os pais o dever de assumir o saldo de suas atitudes impensadas, sem poder tomar qualquer providencia a respeito.

O Brasil possui um dos maiores índices de prostituição infantil no mundo, mesmo com tantas leis criadas no propósito de impedir esse quadro deplorável. Mas qual o porquê delas se tornarem inúteis? Pela simples razão de serem falhas, pois não englobam totalmente todas as reais necessidades sociais daqueles que buscam resguardar. Por exemplo: Uma lei que condena a exploração sexual de menores.

E pune severamente os adultos que a praticam, por outro lado não pune o menor que faz sexo livre e inconsequente nem lhe força a frequentar a escola para tirá-lo das ruas, dando-lhe uma justa ocupação, permitindo ao invés disso que ele viva dissoluto, praticando delinquências próprias dos desocupados.

E ainda considera um crime a prática do trabalho pelos tais. Em suma, os verdadeiros responsáveis pela delinquência que impera os jovens neste país são aqueles que criam leis apoiando tal forma de vida, sem estudo, trabalho e tirando dos pais o direito de educar suas crianças da mesma maneira como eles foram educados, numa época em que tal violência e promiscuidade não existiam, devido a maneira como foram criados.

E o que esperar de uma geração deliberada como essa que vivem praticando todo tipo de desordem e ainda contam com o apoio das leis que deveriam puni-los e coloca-los na linha? Exatamente o que se pode ver nos dias atuais, o aumento da violência, da perversão moral e da imoralidade. E como fica a igreja nisso tudo? Paralisada diante de tamanha degradação do gênero humano, assistindo de perto a perdição de seus membros sem qualquer forma de evitar tal coisa. O tempo em que os cristãos possuíam uma forma de vida diferenciada dos descrentes ficou para trás, agora é tudo igual, a mesma desordem.

3. Desejo Sexual: A Poderosa Arma de Satanás

O título acima parece exagerado demais se levarmos em conta o fato de que o sexo é um presente de Deus ao ser humano, para que homem e mulher se unissem e tivessem prazer na vida a dois, entretanto, o objetivo central aqui é mostra como o inimigo de nossas almas faz uso desse desejo para destruir o homem, colocando-o como pedra de tropeço em todos os seus caminhos. Adão viveu no

Éden em completa tranquilidade por mil anos. Depois, cansado da solidão demonstrou tristeza e o Criador decidiu criar a mulher para que lhe fizesse companhia, permitiu o sexo entre o casal e disse para que crescesse e se multiplicasse (Genesis 1:28)

Porém, a serpente que era o animal mais sagaz do jardim convenceu a mulher a desobedecer aos conselhos do marido e comer do fruto proibido. E o homem, por sua vez seguiu seu exemplo na intenção de agradá-la, permitindo com essa desobediência que o pecado entrasse no mundo, abrindo-lhes os olhos para o bem e o mal. Desde então, passaram a ver a vida e tudo em redor de outro prisma, com a mancha da impureza nos olhos e com seus corações corrompidos. O desejo sexual passou a arder em suas entranhas de uma maneira mais viva, mais intensa, mais descontrolada. Podemos ver isso nas páginas seguintes do livro de Gênesis, quando lemos que passou a existir a corrupção do gênero humano em todas as suas formas.

Começando pelo assassinato de Abel, cometido pela inveja de seu irmão Caim (Gênesis 4:16) E seguiu através dos séculos, agravando-se com a promiscuidade de forma extrema, ao ponto de Deus se arrepender de ter criado o homem. E decidir destruir o mundo antigo com o dilúvio (Gênesis 6:1-22). Mas sua decisão de recomeçar a vida acabou levando-o a usar a mesma semente do princípio, dos descendentes de Noé se fez uma nova e pior geração que a primeira. A imoralidade sexual nasceu após a queda do homem no Éden com a chegada do pecado, que depois desenvolveu no ser humano um desejo carnal devasso e sensual, se estendendo sobre a terra até nossos dias.

Ninguém está livre de seu domínio, nem mesmo os mais religiosos e considerados espirituais. Cerca de noventa por cento dos casais cristãos modernos praticam uma forma de imoralidade sexual em suas camas. O homem do século vinte e um não se conforma mais com aquela tradicional forma de fazer sexo, chamada comumente de "papai e mamãe". Tanto eles, quanto suas parceiras, só se completam sexualmente com pequenas ou grandes doses de atos imorais, entre as mais praticadas pelos cristãos que seguem o modernismo religioso e acreditam que podem tudo na cama, está a prática do sexo anal e oral.

Sabemos que as Escrituras Sagradas condenam esse tipo sexo por ser um ato de sodomia. Deus destruiu duas grandes e populosas cidades no mundo antigo por causa dessa prática imoral, Sodoma e Gomorra foram dissipadas da terra através do fogo e enxofre (Gênesis 19:24 ; 2 Pedro 2:6) mas suas imoralidades parecem ter enraizado de tal maneira que se espalhou de geração em geração, chegando a nosso tempo e contaminando quase que toda a igreja. Desde um simples membro ao mais alto escalão eclesiástico, todos praticam a sodomia. Há até pastores que gravam vídeos e CDS com estudos para casais incentivando-os nessa prática imoral. A desculpa de tais escravos do pecado sexual é que Paulo disse que o corpo da mulher pertence ao marido e o dele a esposa.

E não devendo um se negar de satisfazer o outro (1 Coríntios 7:4) Porém, o que esta passagem bíblica diz nada tem a ver com a liberdade do casal praticar a promiscuidade e sim com o sexo natural, como determinou o Senhor. Isso fica claro, quando o mesmo apóstolo adverte que cada um use seu "vaso" (corpo) em santidade (1 Tessalonicenses 4:4) E que os filhos do Altíssimo não devem se contaminar com os atos perversos e imorais praticados pelos ímpios (Levítico 18:24) e que a santidade do corpo é a chave para que o homem possa ver a Deus

(Hebreus 12:14) E, ainda mais, que os desejos imorais do corpo é inimizade contra o Espírito (Romanos 8:5,7 ; João 3:6 ; Gálatas 6:8)

Há cinquenta anos, não existiam dormitórios mistos nas universidades americanas. "Nos dormitórios de hoje", relata o jornalista e escritor americano Tom Wolfe, autor do livro recém-lançado no Brasil *Eu Sou Charlotte Simmons*, em entrevista à *Veja*, "qualquer um pode entrar ou sair sem vigilância". Para Wolfe, isto "é um detalhe físico que faz imensa diferença quando se trata de sexo. Por mais liberado que seja, um adulto muitas vezes não consegue encontrar uma cama num prazo curto. Se você mora em uma cidade, talvez tenha de ir para um hotel, o que é um incômodo e custa caro. Mas, na faculdade, os hormônios estão eriçados e as camas encontram-se lá, à espera".

Wolfe explica que "a crise moral é resultado também diminuição da fé religiosa entre pessoas educadas, bem de vida". Na década de 50, essas coisas não aconteciam porque "as igrejas ainda tinham um certo poder moral sobre as pessoas" (*Veja*, 11/05/2005, p. 15). O escritor americano, que fez uma conferência na abertura da XII Bienal Internacional do Livro no Rio de Janeiro em meados de maio e que não tem "uma consciência aguda da importância da religião", certamente não está exagerando.

Capítulo 2 – Conceitos Sobre o Homossexualismo

Condenar o homossexualismo no Brasil, bem como em várias outras partes do mundo, tem se tornado motivo de polêmicas e proibições, acusações de homofobias e preconceitos. Entretanto, a igreja de Cristo sempre irá se opor a tais práticas pelo simples fato de servir um Deus que considera a união intima entre pessoas do mesmo sexo uma abominação aos seus olhos. Independentemente do que dizem as leis do país onde ela se encontre, do total apoio dado pela sociedade, da qual venha a fazer parte.

A esta condição vergonhosa do ser humano, a eleita do Senhor se negará a compactuar com tamanha vergonha moral. Nós, cristãos, estamos inseridos no dever de cumprir os ditames das leis de nossa pátria, nossos deveres cíveis não podem ser relegados, porém, até o limite onde afetam nosso compromisso com Deus. Desde os primórdios da igreja em Jerusalém e seu percurso no decorrer dos séculos, podemos observar sua luta travada em oposição aos ditames das leis.

Todas criadas por reis, imperadores, governantes e povos que se negavam a aceitar as ordenanças divinas sem, no entanto, ceder às suas exigências de negar a fé e se submeter a vontade humana e seus prazeres carnais. A Constituição brasileira define direitos iguais a homens e mulheres, bem como a liberdade de cada um viver sua vida social, moral e espiritual como bem entender.

É o que neste país se dá o nome de "Democracia", a liberdade de expressão de uma sociedade confundida com o vandalismo em todos os seus ângulos e sentidos, principalmente no que diz respeito a Deus. Viver democraticamente não deveria significar desrespeito e descumprimento aos mandamentos divinos. A lei humana jamais deveria sobrepor os estatutos criados pelo Senhor de toda a terra.

Mas, é exatamente o que temos visto acontecer neste século, bem mais expansivo do que no passado. O homem atual não evoluiu espiritualmente, pelo contrário, tem regredido de maneira assustadora em direção as partes mais escuras das trevas que desde o Éden lhe cegaram os olhos e o transformaram num inimigo do seu Criador.

A libertinagem, usada como desculpa para defender direitos humanos, é a bandeira erguida por aqueles que desprezam e escarnecem da autoridade das Escrituras Sagradas em condenar seus costumes obscenos e condenáveis. Até mesmo meio da igreja cristã existe o joio que, como advertiu Jesus, se espalha como uma praga e tenta contaminar os fiéis a seguir o exemplo de rebeldia do mundo (Mateus 13:25) Apoiando a tais comportamentos vergonhosos e chamando-os de modernismo religioso. Líderes de igrejas, tentando manter sempre lotados seus templos e aceitos pela sociedade os seus ministérios. concordam em apoiar tais atos entre seus membros.

Sempre com a alegação de que Jesus veio para salvar o que se havia perdido, certamente que sim, inclusive o Senhor afirma em sua Palavra que de maneira lançará fora todo aquele que vier a ele (João 6:37) Entretanto, ele mesmo diz que não terá quem profana seu santuário como inocente (Ezequiel 5:11) Todo cristão tem compromisso com a santidade porque o Deus que ele decidiu servir é santo. Claro que ele jamais conseguirá ser perfeito, e santidade aqui não significa está completamente limpo do pecado, mas evitar cometer pecados voluntários.

2.1 Consequências da Imoralidade

2.1.2 Perda da Comunhão com Deus

Apesar de nos dias atuais existirem falsas religiões e doutrinas que garantem ser possível viver em harmonia com a luz e as trevas, sabemos que as Escrituras afirmam ser impossível ao homem adorar e servir a dois senhores ao mesmo tempo, sem que cause inimizade com o outro. Ou seja, não se pode andar lado a lado com Deus e satanás. É dado ao ser humano a livre escolha de como conduzir sua própria vida, se com o bem ou com o mal, porém, lhe foi permitido escolher apenas um destes dois caminhos e jamais a possibilidade de caminhar por ambos os caminhos em perfeita comunhão.

Já foram criadas igrejas consideradas "cristãs" para homossexuais, até uma bíblia foi criada para os seguidores desta seita herege a partir de uma versão adulterada das Sagradas Escrituras, onde foram deletadas todo os textos onde Deus condenam essa prática infame e modificado de acordo com os vergonhosos conceitos satânicos alguns dos trechos bíblicos.

De forma a poder provar que a relação entre pessoas do mesmo sexo é algo puramente aceito como natural na existência humana. Entretanto, todos os que conhecem o mínimo das verdades divinas não serão enganados. Não importa o que façam ou ensinem os seguidores de satanás através de suas doutrinas malignas, Deus não mudou nem se modernizou.

E nos dias atuais ter se tornado flexível ao ponto de mudar seu rígido conceito sobre a importância da santidade do corpo e da alma, aceitando como algo natural a relação íntima entre duas pessoas do mesmo sexo. A imoralidade sexual é uma das práticas dos pecados humano mais abomináveis aos olhos do Criador, que é santo e exige que seu povo também o seja. Suas palavras, pronunciadas a Israel no deserto durante sua peregrinação, ainda ecoa até hoje: "Santos sereis, porque eu, vosso Deus, sou santo" (Levítico 19:2)

A santidade exigida aos filhos de Deus, enquanto habitantes deste mundo material e imperfeito, não significa serem eles limpos em definitivo de toda e qualquer fraqueza humana, pois isso seria impossível. Somente Jesus, o Unigênito do pai, foi capaz de se manter cem por cento puro durante toda a sua vida terrena. Aos demais, o termo santidade significa abster-se o máximo possível da imoralidade secular, onde entre tantas outras destaca-se o homossexualismo como a maior de todas as afrontas a divindade de Deus.

As religiões modernas possuem suas bases firmadas na busca incansável pelo dinheiro e as riquezas terrenas. Assim, abrem suas portas ao modernismo e permitem habitar meio aos seus membros todo tipo de pessoas, visando apenas conseguir lucro. Através dos dízimos e ofertas que delas possam recolher durante seus pomposos cultos.

Geralmente realizados em templos luxuosos e bastante convidativos, porém sem a real presença do Espírito da Graça. Não que o Senhor impeça os mais impuros dos homens a frequentar sua casa, pois se o pecador não ouvir a pregação do Evangelho, como será salvo. Paulo, em sua carta aos irmãos em Roma já afirmava: "Como, pois, invocarão aquele em quem não creram? e como crerão naquele de quem não ouviram? e como ouvirão, se não há quem pregue? Romanos 10:14

Porém, isso não serve de base ou incentivo para se pensar que o Senhor quer em sua casa e meio ao seu povo tais indivíduos ainda vivendo na prática de seus antigos delitos e pecados. Quando se diz ao pecador para vir a Cristo da maneira com está, não significa que ele deverá permanecer nos mesmos costumes da antiga vida que levava antes de sua conversão. Jesus disse que jamais lançaria fora todo aquele que o Pai lhe desse (João 6:37)

Não importa quem seja nem o tipo de pecado praticado, será recebido como irmão e filho de Deus. Mas, para permanecer salvo e digno de entrar no paraíso pelas portas deve antes ser transformado. Abandonar as velhas práticas do "velho homem" e se tornar santo, como exige aquele que o resgatou. Um homossexual, na semelhança de qualquer outro pecador.

Ao se render aos pés de Cristo será aceito, perdoado de todas as suas iniquidades, salvo e transformado numa nova criatura. No entanto, só deverá ser aceito no rol de membros da igreja e terá seu nome escrito permanentemente no livro da vida do Cordeiro, lá no céu, se permanecer fiel ao que ensinam as Escrituras e completamente distante dos pecados voluntários.

Pecar voluntariamente é praticar por puro prazer atos considerados abomináveis aos olhos de Deus. E dos que são mais condenados nas Escrituras a imoralidade sexual está no topo da preferência dessa geração rebelde e sem temor de Deus. Este espírito de inversão dos valores éticos da base familiar, proveniente dos mais terríveis planos de satanás para destruir a Criação Divina, que fez o homem sua imagem e semelhança, tem se alastrado sobre a face da terra como uma epidemia.

Alcançando todas as classes sociais e destruído lares, separando casais, condenando seus filhos a viver separados dos pais, influenciando jovens e adolescentes à prática da imoralidade e renegar os conceitos da moral e da ética cristã. Leis foram criadas no intuito de tirar dos pais qualquer autoridade que pudesse impedir o avanço do mal.

O escritor aos Hebreus deixa claro que nenhum dos que viverem voluntariamente na prática da imoralidade verão a Deus (Hebreus 12:14) Isso vale ressaltar que os amantes de todas as formas de prazer carnal será salvo, mesmo depois de ter confessado a Cristo como salvador e passar a fazer parte de uma comunidade cristã, seja ela evangélica ou não.

As religiões não salvam ninguém, sua função deveria ser de propagar gratuitamente as Boas Novas de salvação. Que nos foi trazida por Jesus a todos os povos, línguas e nações. Porém, nem isso elas fazem de forma correta, pois ao invés de anunciar aos perdidos a oportunidade de serem libertos do julgo do pecado, simplesmente elas vendem o Evangelho. Transformando o plano de Deus para reconciliação com o homem num lucrativo comercio, onde este usa os dons do Espírito Santo.

Doados a igreja, para seu próprio enriquecimento. Logo, se no templo existe quem se relacione sexualmente com pessoas do mesmo sexo eles não estão nem aí. Desde que o número de fiéis aumente dia após dia e suas contas bancárias fique cada vez mais abarrotadas. A homossexualidade é a forma de imoralidade sexual que desmoraliza o ser humano e mancha diretamente a santidade de seu Criador, que lhe atribuiu o incomparável direito de ser sua própria semelhança (Gênesis 1:2)

Por causa disso o Senhor abomina tal condição humana e determinou que fosse punido com a morte quem tal coisa fizesse no meio do seu povo (Levítico 20:13) Independentemente se essa ou aquela pessoa diz ser correto o relacionamento íntimo entre dois homens ou duas mulheres, o que vale é a opinião divina e não o que pensam os apoiadores de tal depravação.

Se a Bíblia Sagrada, que é indiscutivelmente a verdadeira Palavra de Deus, condena essa união demoníaca, não há mais o que se discutir. É um terrível pecado e deve ser renegado por todos os que creem em Cristo e buscam nele a salvação. A Vida do cristão deve ser pautada na santificação e fé.

2.1.3   Conceitos Para a Homossexualidade

2.1.3.1 Conceito Científico

A ciência afirma, depois de várias pesquisas. ter descoberto a razão da causa de pessoas sentirem atração física por outras do mesmo sexo. De acordo com seus conceitos, indivíduos com tal disposição sexual nasceram com pares de cromossomos iguais para um determinado sexo. Ou seja, um homem pode ter sido gerado com cromossomos femininos ao invés de masculino.

Por essa razão possuir as característica e tendências de mulher. Da mesma maneira explicam as razões de uma mulher se identificar mais com as tendências masculinas do que com suas próprias, sentindo-se atraída pelo mesmo sexo.

2.1.3.2 Conceito Espírita

O Espiritismo, de Allan Kardec, afirma que o homossexualismo é a reencarnação de um espírito que noutra vida se prendeu muito a uma forma de existência, masculina ou feminina, e não consegue aceitar sua nova natureza humana, buscando voltar a ter a forma anterior a qualquer custo. Por exemplo: Um gay já teria vivido uma vida anterior na forma de mulher. E por ter se sentido extremamente ligado a essa condição humana rejeita seu novo corpo masculino, relutando a ter de volta a forma de antes. O mesmo raciocínio se dá em relação as lésbicas.

2.1.3.3 O Que Dizem as Escrituras

De acordo com o apóstolo Paulo, em sua carta escrita aos irmãos na igreja em Roma, o homossexualismo é uma condição espiritual do ser humano, ou seja, é uma maldição lançada por Deus sobre aqueles que rejeitam adorá-lo como Deus e Senhor Supremo sobre todas as coisas.

O texto bíblico, encontrado no Novo Testamento e no primeiro capítulo da carta aos Romanos é enfático ao esclarecer que por ter o homem endurecido seu coração ao ponto de não querer humilhar-se diante da majestade divina nem admitir sua real existência. Negam-se em adorá-lo, apesar de todas as provas existentes no universo na própria terra, como a natureza que proclama seus feitos, o Senhor lançou sobre estes céticos tamanha maldição (Romanos 1:21-27)

Demonstrando, assim, sua ira contra todos os que ousam desafiar seu excelso poder. As religiões atuais se curvaram ao modernismo religioso que sugerem ter o nosso Senhor se adaptado aos costumes deste século e que já não considera abominável certas inovações provenientes do homem moderno, entre elas a união ente pessoas do mesmo sexo.

A mídia televisiva e de todas as suas formas são as maiores incentivadoras desta prática imoral entre os mais jovens, principalmente através das cenas de filmes e novelas expostas sem nenhum pudor na maioria dos canais de televisão. Sem esquecer que nossas autoridades são as primeiras a criar leis que apoiam tal afronta a Deus, e isso já era visado pelo Senhor séculos atrás, quando disse pela boca do profeta: "Ai dos que decretam leis injustas, e dos escrivães que prescrevem opressão" (Isaías 10.1)

Se aqueles que colocamos no poder para governar este país se associam aos imorais e criam leis que fazem crescer cada vez mais a imoralidade nessa nação, temos como conforto a certeza de que nosso Deus nos vingará. Pois reserva para eles a condenação eterna naquele último dia, quando serão todos julgados segundo suas obras nesta vida (Apocalipse 21:8).

O Brasil, bem como o resto do mundo, está envolto na escuridão espiritual que satanás espalhou desde o inferno até os confins da terra e tem feito milhões de discípulos pelos quatro cantos deste vasto planeta, sem exceção de gênero ou classe social. Lendo Genesis, o livro da Criação, vemos que Deus se arrependeu de ter criado o homem depois de ver no que ele havia se tornado. A corrupção do gênero humano declinou tanto que o odor de suas imundícies chegou às narinas do Criador.

Ao ponto de fazer com que ele desejasse exterminar com completo a semente humana deste planeta. E de fato assim fez, porém, decidiu deixar Noé e sua família a salvo, para dele recomeçar uma nova geração. E olhem no que resultou essa decisão do Senhor, numa geração mil vezes pior que a anterior. Hoje, se não vivêssemos debaixo da misericórdia divina já teríamos sido consumidos.

Porque a falta de temor para com Deus chegou a índices alarmantes. Se antes o homem mesmo vendo a ira do seu Criador destruindo cidades inteiras com fogo e enxofre ainda o desafiaram, imaginem agora que vivermos no tempo da graça, que nos foi outorgada por Jesus e prossegue através do Espírito Santo, e estão cientes que a ira divina não se acenderá facilmente sobre suas cabeças. O ser humano, em sua maioria, perdeu por completo o temor de ser castigado pela prática de seus pecados. Até mesmo aqueles que anunciam o evangelho, pecam descaradamente.

E assim fazem porque estão cientes de que Jesus veio a este mundo para ensinar o amor e o perdão, logo, ele será compassivo com as falhas do homem moderno. Cristo deixou de ser visto como o Salvador para perdoador de pecados voluntários, aquele que se faz deliberadamente, porque se quer fazer, para que nenhum pecador se perca e alcance a vida eterna.

Mas, será isso mesmo que o Senhor ensinou? Ele veio a este mundo simplesmente para perdoar pecados, sejam eles quais fossem? Ou será que ele, veio para julgar os desobedientes e condená-los ao fogo eterno? Meu querido leitor, Deus é amor, mas também justiça. O dia do Senhor se aproxima e naquela ocasião será separado o trigo do joio (Apocalipse 14:14-16)

E todos aqueles que aproveitaram este tempo da paciência de Deus para viverem praticando imoralidades, embriagando-se nas suas festas e banquetes requintadas de prostituições e luxúrias, serão lançados no lago de fogo com enxofre, que é a segunda morte, juntamente com satanás e seus anjos.

Capítulo 3 - Homossexualismo na Igreja

A pergunta que não se cala, é: Se a homossexualidade é, segundo afirmam as Escrituras, uma maldição divina, porque existem no seio da igreja cristãos que mesmo fervorosos na fé geraram filhos com tal condição humana? Neste capítulo iremos compreender melhor como ocorre tais situações entre o povo de Deus e a forma mais viável para que futuros casais possam evita-las no futuro.

3.1 Não Contaminar Sua Semente

O Senhor repassou a seu servo Moisés os Estatutos da Lei que deveriam ser seguidos à risca pelos israelitas no propósito de que se mantivessem puros para adorá-lo e ao mesmo tempo manter suas sementes (filhos) sem qualquer maldição futura. Se lermos os capítulos dezoito e dezenove do livro de Levítico, em toda sua extensão.

Poderemos ver o cuidado que o Santo de Israel teve de esclarecer a seu povo a importância de eles evitarem certos relacionamentos íntimos para que isso não viesse a contaminá-los. Apesar da Lei deixada por Deus a Israel, por intermédio de Moisés, ter prescrevido para todos quanto estão vivendo no tempo da Graça. Tempo este instituído por Cristo no Calvário ao aceita-lo com único Senhor e Salvador de sua alma.

Muitas das suas regras ainda influenciam diretamente a vida da igreja, porque se tratam de condições morais que atingem diretamente a condição humana, sem que isso venha a ser uma punição divina, sobre o que tais coisas praticam, mas a simples consequências dos seus atos. Lemos, por exemplo, a respeito dos casamentos ilícitos.

A uniões abomináveis (onde é citado o envolvimento íntimo entre dois homens) e muitas outras advertências sobre o que deveria ser evitado. Para que dessa maneira o mal não se tornasse uma mancha nos seus corpos, como um cromossomo ou DNA que se alastraria por todas as gerações futuras e elas fossem contaminadas com tais pragas morais. As doutrinas modernas de algumas igrejas batizaram esta "lepra da alma humana´ como a conhecida "Maldição Hereditária".

Quando na verdade nada mais é do que a contaminação com o pecado dos pais, que resultaram numa marca de fraqueza espiritual ou moral nos filhos.' Se pararmos para pesquisar o passado íntimo da maioria dos homens em nossas igrejas iremos nos deparar com revelações estarrecedoras sobre o que andaram fazendo durante a juventude, quando ainda não conheciam a Cristo.

E, em alguns casos, até mesmo depois de convertidos por não demonstrarem qualquer temor de Deus. A grande maioria dos casais cristãos que geram filhos gays ou se relacionaram com tais pessoas no passado ou eram defensores dessa classe de indivíduos. É aquela velha conversa: "Se alguém é a favor, defende ou convive e se relaciona com homossexuais, nada mais justo do que dá a ele ou a ela um filho gay para que cuide".

Deus é justo em seus propósitos e sabe recompensar cada um de acordo com seu merecimento. Talvez alguém queira alegar: "Mas fiz isso no passado, fui perdoado!" Sim, ao se converter a Cristo teve todos os seus pecados perdoados e diante de Deus, de acordo com sua santa Palavra, está justificado para a salvação da alma, caso se mantenha fiel até a morte quando receberá a coroa da vida eterna (Apocalipse 20:10b)

Porém, o mesmo que garante vida eterna aos que se mantiverem fiéis até o fim foi quem advertiu que perdoa o pecado, mas não tem o pecador como inocente. Isso deixa claro como funciona a justiça divina. Ao se converter a Cristo e ser por ele perdoado de todas as suas iniquidades, o homem ainda terá que prestar contas por todos os atos infames que porventura tenha praticado no seu tempo de ignorância.

Não ficará impune. Por essa razão vemos acontecer muitos escândalos na igreja, casais se traindo, gerando filhos que crescem e se tornam bandidos, criminosos, gays ou lésbicas, quando observamos serem seus pais pessoas de admirável testemunho cristão. Não importa no que se tornaram hoje, isso não os libera da responsabilidade de responder por seus atos diante do Criador.

Se no passado transgrediram seus estatutos e praticaram atos que lhes contaminaram a alma e corpo físico, pagarão por isso, vendo seus frutos nascerem podres, como ocorre com alguns vegetais ao serem contaminados por fungos ou pragas. Tudo aquilo que praticarmos hoje voltará em forma de benção ou maldição amanhã, será nossa bola de neve.

E ela rolará sobre nossas cabeças depois de crescer e se agigantar sobre nós, o Senhor nada fará para impedir, salvo se clamarmos insistentemente por socorro, mesmo assim muito do estrago não poderá ser evitado, porque é o nosso legado, é a colheita daquilo que plantamos no passado e a justiça divina não deve interferir na lei da colheita. Tudo aquilo que plantamos nós colhemos, independente do que seja. A boa semente nos dará bons frutos e da má colheremos infortúnios.

3.2 A Lei da Semeadura

O Pastor Antônio Junior, em seu artigo "A Lei da Semeadura na Bíblia", nos alerta para o perigo de praticarmos atos impensáveis, sem considerar o resultado proveniente de tais ações, pois elas sempre irão resultar em grandes prejuízos para nossas vidas e Deus não irá intervir diante disso para nos livrar de tais punições, pois ele entende que ao passarmos por tais punições iremos amadurecer e aprender a evitar repetir os mesmos atos.

"A Lei da Semeadura e da Colheita é verdadeira e foi criada por Deus para que façamos as melhores escolhas. Mas o que a Bíblia diz sobre a Lei da Semeadura? Existe algum versículo que mostra que quem planta colhe? Sim! O que você plantou, você vai colher, então procure sempre plantar coisas boas! Imagine que um adolescente está jogando bola perto de sua casa.

Ele está feliz, se divertindo, até que acerta a bola na sua janela e a quebra inteira. Com medo, ele te diz: "Me desculpe. Eu não tive a intenção de fazer isso!" Então você responde: "Tudo bem, mas como você quebrou minha janela, agora terá que pagar pelo conserto".

E quando o menino paga pelo que fez, ele aprende uma lição que pode livrá-lo de cometer o mesmo erro novamente. Foi por isso que Deus, que é um Pai amoroso, criou a lei da semeadura - para que possamos pensar muito bem antes de cometer um erro maior. Veja o que a Bíblia diz:

"Não se deixem enganar: de Deus não se zomba. Pois o que o homem semear, isso também colherá. Quem semeia para a sua carne, da carne colherá destruição; mas quem semeia para o Espírito, do Espírito colherá a vida eterna" (Gálatas 6:7,8).

Saiba que as suas decisões determinam o tipo de colheita que você terá. No livro de Gênesis, vemos que Adão e Eva podiam escolher se queriam obedecer a Deus ou não, mas eles não poderiam escapar das consequências de sua escolha.

Pois o que o homem semear, isso também colherá. E a você também foi dado o poder de escolher entre o certo e o errado; então guarde a Palavra de Deus no seu coração para tomar as decisões corretas. Além disso, as suas escolhas também têm impacto na vida de outras pessoas.

Talvez você não tenha a intenção de machucar ninguém, mas se você disser palavras pesadas e negativas ou agir por impulso, poderá causar feridas nos outros que demorarão a ser curadas.

A Bíblia conta que, depois que o povo de Israel conquistou Jericó, um homem chamado Acã desobedeceu a ordem de Deus, e por causa disso o exército de Israel foi derrotado em uma importante batalha. Mais tarde, Josué perguntou a ele:

"Por que você nos causou esta desgraça?". **Então, antes de agir, você deve analisar se alguém poderá se machucar por causa de suas decisões. Será que os seus filhos, seu cônjuge, amigos uma falsa ideia de que, quando pedimos perdão e nos arrependemos dos nossos erros, as consequências do pecado são automaticamente canceladas.**

Mas isso não acontece. É claro que Deus perdoa qualquer tipo de pecado e não seremos cobrados por eles no Dia do Julgamento, pois o sangue de Jesus apaga a nossa culpa; porém, mas é importante sabermos que a lei da semeadura ainda continua em vigor e dependendo da gravidade do erro, as consequências podem ser muito ruins. Então, se você quer evitar sofrimento, busque obedecer a Palavra de Deus para que você plante somente sementes boas" — Pr. Antônio Junior. A Lei da semeadura na Bíblia, 2018.

Então devemos indagar se essa é uma via de regra a todos que porventura tiveram qualquer tipo de envolvimento íntimo com homossexuais, se somente eles irão gerar filhos gays. Lógico que não, pode até acontecer que alguém tenha vivido essa experiencia no passado e não venha a ter filhos com tal condição, a colheita deste homem ou mulher, neste caso, será de outra maneira. Conheci um homem que nunca teve relações sexuais com gays e nem se envolveu com prostitutas. Casou-se e teve uma -única esposa com quem fazia sexo rotineiramente, mas seu filho caçula é homossexual.

Homossexualismo na Igreja

Aí se aplica o que lemos no primeiro capítulo da carta de Paulo aos romanos, quando diz que o Senhor lança sobre os céticos a sua ira por se negarem a reconhece-lo em suas vidas como Deus para adorá-lo. Este mesmo homem que acabei de mencionar teve uma existência digna, moralmente falando, mas não tinha fé em Cristo e desdenhava do Evangelho. A maldição do homossexualismo caiu sobre sua tenda e teve como herança um gay dentro do seu lar, mesmo que de certa forma esse tipo de castigo não tenha surtido muito efeito.

Isso no que diz respeito levar ele e toda a humanidade a se conscientizar da necessidade de voltar-se para quem lhes deu o dom da vida. O que podemos deduzir com toda certeza é que nada de tudo o que já foi feito por Deus para chamar o homem a razão, no intuito de conscientizá-lo sobre seu calamitoso estado espiritual, parece ter sido em vão.

Porque a grande maioria dos seres humanos continuam rejeitando a cruz de Cristo e àqueles que se dizem convertidos ao Evangelho o buscam apenas para tirar proveito, como fundar templos, criar novas religiões e enriquecimento fácil. Praticamente nenhum cristão nos dias atuais está preocupado em garantir a salvação da própria alma nem dos demais ao seu redor, a moda agora é mercadejar os dons do Espírito e ficar rico.

O mundo moderno aceita a homossexualidade com maior disposição que em outras épocas, quando apesar da alienação de Deus o homem ainda demonstrava maior respeito ao que era considerado sagrado. Hoje, inverso aos conceitos mais antigos, as pessoas foram "programadas" pela mídia a aceitar com mais facilidade certos conceitos da moralidade humana. Sem levar em conta questões a serem discutidas e esclarecidas, como por exemplo saber no que resultará tamanha depravação.

O Teólogo Ruben Aguilar, em sua tese publicada na SALT, nos dá uma maior visão de como surgiu o termo "homossexualismo", sua expansão como condição humana aceita livremente por uma sociedade cada vez mais alienada de Deus. E, principalmente, como ela chegou e se expandiu no seio de alguns ramos da igreja, tanto católica como evangélicas no século passado:

"**A Homossexualidade, definindo com simplicidade, é uma conduta que se manifesta na prática do relacionamento sexual entre pessoas do mesmo sexo. A palavra "Homossexual" foi utilizada pela primeira vez em 1869 pelo escritor vienense Benkert, tratando de demonstrar que as pessoas que seguiam essa conduta constituíam um terceiro sexo. Em 1870, o termo "homossexual" foi introduzido na literatura médica pelo psiquiatra Westphal, ao descreve-lo como um tipo de doença da personalidade.**

S. Freud, considerou como aberração, todo desvio da relação sexual que não alcance seu fim normal, ou seja a "conjunção dos genitais". O uso do termo "homossexual", gerou outros, que se tornaram necessários para definir atitudes pessoais diante dessa conduta. Assim, o termo "homofilia" define a atitude de quem aceita a conduta homossexual. E o termo "homofobia", define o comportamento de quem é contrário a essa conduta. Até alguns anos atrás, do ponto de vista da Psicologia, a homossexualidade era considerada como desvio sexual.

Comparado ao incesto, fetichismo, exibicionismo, sadismo, etc., por causar sensação de culpa, ansiedade ou desconforto. Mas, recentemente a Associação Americana de Psiquiatria, retirou a Homossexualidade masculina e o Lesvianísmo feminino...

...da lista de desvios sexuais, por considerar que essas práticas não provocam nenhum distúrbio do tipo psicológico

O Homossexualismo na Sociedade e na Igreja

Entre os anos de 1948 a 1953, o Dr. Alfred Kinsey entrevistou ao redor de 18.000 pessoas do sexo masculino de diferentes lugares dos Estados Unidos. Para descobrir a intensidade da tendência homossexual. Encontrou que 4% dos entrevistados eram exclusivamente homossexuais e que nunca se uniram a uma mulher, e um total de 37% tiveram ao menos uma experiência homossexual entre a adolescência e a idade adulta.

Outras pesquisas recentes mostram que a porcentagem dos envolvidos é relativamente a mesma, em muitas partes do mundo; no entanto, o aparente aumento de casos de homossexualismo deve-se à liberdade de discussão do problema e ao auto reconhecimento dos implicados. A liberdade de discussão sobre o tema do homossexualismo tem gerado em alguns países, mudanças no comportamento social dos seus habitantes.

Os integrantes de grupos de homossexuais participam de manifestações públicas reivindicando direitos e igualdades sociais. Nos parlamentos promovem modificações das normas constitucionais, como na Inglaterra onde a homossexualidade é um ato legal se praticado a partir dos 16 anos de idade. Na Dinamarca e nos países baixos, o casamento entre homossexuais já é oficialmente reconhecido. Adeptos e defensores da prática da homossexualidade dos diferentes segmentos da sociedade.

E, principalmente, de líderes das diversas tendências religiosas, levantam a sua voz em favor dessa conduta. Caberia afirmar que essa atitude se torna evidente entre as personalidades eclesiásticas devido ao aumento de homossexuais entre os membros das suas respectivas comunidades. Uma pesquisa realizada por prestigioso jornal do Brasil, revelou que 60% de espíritas kardecistas são a favor da legalização da união civil entre homossexuais; seguindo essa tendência estão: 38% de católicos; 22% de evangélicos pentecostais;

21% de evangélicos não pentecostais[vi]. Robert Goss, teólogo evangélico norte-americano, propõe no livro da sua autoria: *Jesus Acted Up: A Gay and Lesbian Manifesto,* a fundação de "comunidades eclesiais de base", por pessoas homossexuais[vii]. Ao que tudo parece, a bandeira em defesa do homossexualismo é desfraldada por teólogos da Igreja Luterana, através de diferentes estudos e discussões sobre o assunto.

Em 1986 a *Lutheran Church in America* enviou a suas respectivas comunidades um estudo relativo à homossexualidade; em 1989 seguiu-se um estudo com o título: *Podemos falar a respeito?;* que foi seguido por um manifesto favorável a essa conduta, sob o título:

A sexualidade humana e a fé cristã. Devido ao número crescente de pessoas homossexuais que assistem a reuniões religiosas nas diferentes igrejas dos EE.UU. A discussão sobre o tema provoca acalorados debates que envolvem defensores e críticos ferozes, todos usando textos bíblicos para explicar suas convicções.

Homossexualismo na Igreja

O reverendo Edward Kemp da Igreja Unida de Cristo conseguiu que essa denominação eclesiástica aceitasse a união de casais homossexuais. Uma facção da Igreja dos Santos dos Últimos Dias, organizou um grupo que abriga homossexuais mormons.

O reverendo Greg Deil da igreja Metodista de Chicago, afirma que 30% da sua paróquia é homossexual. Derek Rawcliffe, que ocupou na Igreja Anglicana, o cargo de Bispo de Glasgow, na Escócia e que na atualidade exerce a posição de bispo-assistente de Ripon...Declarou numa entrevista ao vivo na TV sua condição de ser homossexual e acrescentou que "há centenas de padres *gays* na igreja, tanto na anglicana como na católica".

Apesar de que o Papado através de declarações do cardeal Joseph Ratzinger condene as relações entre homossexuais, padres que assumem essa posição se organizam para buscar reconhecimento da hierarquia da Igreja Católica. Assim por exemplo, na Alemanha onde existem entre 3.800 a 4.500 padres homossexuais, de um total de 19.000 religiosos no país, já foram criados 14 Grupos de Padres Católicos Homossexuais da Alemanha.

Hanspeter Heinz, professor de Teologia Pastoral da Universidade de Ausburg, lançou um livro defendendo a ordenação de padres homossexuais sob o argumento de que 20% dos religiosos católicos tem predisposição homossexual. O arcebispo Desmond Tutu, da África do Sul é favorável à aceitação de homossexuais nas comunidades e até na hierarquia católica.

Por outra parte a Conferência Central de Rabinos Americanos, que não esconde o fato de ter entre seus membros rabinos homossexuais, decidiu apoiar a legalização de casamentos civis entre pessoas do mesmo sexo.

Argumentos para Derrubar o "Tabu"

Os defensores da liberalidade do homossexualismo na sociedade contemporânea, principalmente dentro dos grupos religiosos, fundamentam sua argumentação na consideração de que a prática da homossexualidade no passado era um "tabu" que o mundo atual não mais reconhece. Afirmam que a perseguição feroz dos homossexuais por parte da Igreja na Idade Média, foi um "erro trágico e um pecado diante de Deus".

Os mesmos defensores do homossexualismo, mediante uma interpretação histórico-crítica do texto bíblico, ponderam que o propósito da sexualidade, orientada originalmente para a procriação, não pode mais permanecer vigente num mundo com superpopulação. Os homófilos afirmam que a sexualidade deve ser um meio de comunicação para expressar o amor romântico entre pessoas de qualquer sexo.

E até sugerem praticar uma forma de *koinonia* onde as pessoas poderiam conviver em comunidades de 10 a 20 integrantes. Compartilhando seus bens, conhecimentos, experiências, tempo de lazer e sem dúvida, o prazer sexual.

Consideram também, numa tentativa de fazer exegese de alguns textos bíblicos. Insinuando que Jesus não via nenhum mal na prática do homossexualismo, pois não existe nenhuma condenação por parte do Redentor, pelo contrário. Seu propósito era desmantelar o sistema legalista que imperava naquele tempo. De igual modo, os homófilos sustentam que Paulo ao proferir condenação sobre os homens que deixaram o contato "natural" da mulher (Rom. 1:27)

O fazia em relação ao costume da época, diferente da atual, onde o homossexualismo já faz parte da tradição do mundo contemporâneo. Com igual ponderação, sustentam que "se a homossexualidade é uma característica intrínseca do ser. Ela deve ser aceita como parte da criação de Deus". Nessas condições acrescentam que as "pessoas homossexuais são imagem de Deus. Pela fé ... todas as pessoas cristãs que creem são santas e justas ....

Causas Aparentes do Homossexualismo

Existe quase uma inibição por parte das ciências, cujo objeto de estudo é o Homem, para elucidar as causas da Homossexualidade. Mesmo assim, dentro do campo da Biologia e da Psicologia surgem alguns estudos que poderiam explicar a causa do comportamento homossexual.

As ciências biológicas apresentam casos de anomalias anatômicas de estruturas sexuais de origem genética e hormonal. Que poderiam levar uma pessoa à prática da homossexualidade. Essas anormalidades se evidenciam principalmente, pela presença de caracteres sexuais, feminino e masculino, num mesmo indivíduo.

A literatura médica é cuidadosa em relacionar essas anomalias com a homossexualidade; mesmo assim, já são numerosos os casos em que a cirurgia interveio para definir finalmente o sexo de uma pessoa afetada. Os casos de origem genético mais destacados são: o Síndrome de Klinefelter e os distúrbios do desenvolvimento sexual.

No primeiro caso a incidência é de aproximadamente 1 em cada 800 nascimentos masculino. Os afetados com essa anormalidade pertencem ao sexo masculino e são geralmente "altos e magros, com membros inferiores relativamente longos. Parecem fisicamente normais até a puberdade, quando os sinais de *hipogonadismo* se tornam óbvios". Pode ocorrer *ginecomastia*, o que produz no paciente uma relativa forma física feminina.

Os casos de distúrbios de desenvolvimento sexual recebem também o nome de Inter Sexos por que se caracterizam pela presença de órgãos sexuais, masculino e feminino, num mesmo indivíduo. Um caso, embora não muito frequente, desse tipo de distúrbio é o Hermafroditismo verdadeiro, caracterizado pela presença de tecidos ovarianos e testiculares no mesmo paciente.

Os distúrbios de desenvolvimento sexual de origem hormonal, segundo o registro clínico, se manifestam de forma e intensidade variadas. Dependendo da maior/menor atividade dos hormônios *gonadotrópicos,* ou seja, dos que atuam sobre as estruturas do aparelho reprodutor. Os mais caracterizados são o *Pseudohermafroditismo* o *Hipogonadismo*.

O *Pseudohermafrodiismo* recebe esse nome por apresentar um único tipo de tecido *gonadal*, podendo ser masculino ou feminino. O tipo masculino, mas representativo é o Síndrome da Insensibilidade aos *androgênios* e hormônios masculinizantes. Na literatura médica é conhecido também com o nome de Feminização Testicular. Nesse caso o paciente é do sexo masculino, com testículos de aspecto normal até a puberdade, fase quando o afetado apresenta feminização total dos caracteres secundários.

O *Hipogonadismo* se manifesta com a falta de crescimento do aparelho reprodutor masculino causando baixa produção ou carência de hormônios......Sexuais masculinos. Essa deficiência, na fase da puberdade, anula o aparecimento dos caracteres sexuais secundários masculinos. A voz adquire um timbre agudo, persiste a morfologia infantil e, pode ocorrer *ginecomastia* e obesidade na cintura. Pesquisas recentes, realizadas especificamente para detectar estruturas celulares ou de tecidos como sendo as possíveis causas da homossexualidade.

Apontam alguns indícios, embora sem provas conclusivas. O Dr. Roger Gorski, da escola de medicina da Universidade da Califórnia e o Dr. Simon Le Vay, definem que a estrutura cerebral conhecida como INAH-3 é maior nos cérebros dos homossexuais. Por sua vez Dean Hamer e sua numerosa equipe no Instituto Nacional do Câncer nos EUA, mostrou que a região do cromossomo X, identificada como Xq28. E´ mais destacada entre homossexuais. Mesmo assim, a demonstração dessas evidências e seus efeitos, está distante de obter plena aceitação pela sociedade científica mundial.

Dentro do campo da Psicologia, duas correntes pretendem identificar a causa da prática da homossexualidade. Uma, considera que a homossexualidade é uma atitude enquadrada dentro dos parâmetros da normalidade, já que se considera que não é compulsiva, não provoca sentimento de culpa nem traumatismo qualquer.

O indivíduo homossexual basicamente sente-se confortável com sua atração pelos membros do mesmo sexo. Se ocorre um desajuste psíquico será "devido às pressões de rejeição da família, dos empregadores e da sociedade em geral. A outra, é a explicação que Sigmund Freud dá em relação ao assunto, baseado no complexo de Édipo.

N. Wright destaca a posição de Freud sobre a sexualidade, a qual se reduz à "função de obter prazer de zonas do corpo". Por essa razão, o recém-nascido, em contato com o corpo da mãe desenvolve em forma constante sua sexualidade. Essa atitude persiste na infância, transformando-se em traumatismo quando na adolescência; mais adiante o jovem incapaz de renunciar à mãe como objeto sexual, se identifica com ela ao ponto de ocupar seu lugar, buscando objetos para amar e cuidar como ele o foi anteriormente.

A Qualificação Bíblica dada ao Homossexualismo

Apesar de que a tendência atual, baseada em conceitos sociais e psicológicos, seja do reconhecimento da homossexualidade como uma simples preferência e não um distúrbio. A definição Bíblica ainda é a qualificação mais adequada para tratar esse assunto.

No livro de Levíticos encontra-se definido o caráter pecaminoso do ato: "Não te deitarás com varão como se fosse mulher; é abominação" (Lev. 18:22) Mais adiante o mesmo livro refere a sentença imposta aos que se tornam transgressores por não ouvir esse preceito: "Se um homem se deitar com outro homem, como se fosse com mulher, ambos terão praticado abominação; certamente serão mortos; o seu sangue será sobre eles" (Lev. 20:13).

O texto de Lev. 18:22, não é simplesmente o estabelecimento legal, em forma de proibição, de uma norma de comportamento. Nem sequer institui um procedimento cultual de maneira que a proibição possa atingir unicamente aos santos, sendo liberada à grande massa de pessoas que forma o povo de Deus.

Mais do que implantar uma norma, esse texto estabelece um princípio. É o ponto de partida do qual deriva o adequado comportamento baseado no respeito entre pessoas de sexos diferentes. Como princípio, estabelece a relação íntima que deve existir entre seres criados diferentes através do sexo.

Estabelece também a fonte da qual deriva ou se perpetua o ser. Esse princípio determina que a relação sexual deve ser para unir intimamente homem e mulher, tendo como finalidade a procriação. O termo hebraico (*zakar*) que aparece no texto de Lev. 18:22, o qual é traduzido como homem, tem um significado relacionado estreitamente com a atividade sexual.

Devemos notar a diferença de sentido desse termo com as outras palavras que aparecem na Bíblia hebraica e que são traduzidas por "homem". O termo *'adam,* significa o ser humano, alguém, coroa da criação, espécie humana; *'ish,* tem a conotação genérica, diferente de mulher, marido, identificador de atividade como:

"Homem do campo"; *'enosh,* significa ser vulnerável, inferior, mortal; *geber,* transmite a ideia de ser poderoso, vencedor, homem forte; *mat,* é usado para descrever homens de má reputação, falsos, iníquos. O termo *zakar,* que aparece no texto mencionado acima, indica a masculinidade em relação ao sexo, em geral identifica o macho de humanos e animais.

É usado em Gen. 1:27 e 5:2 para definir a parceria sexual com a mulher; também aparece em Gen. 17:10; 34:15; Ex. 12:48. E outros para identificar quem deve participar do rito da circuncisão; em Num. 31:18, 35; Jz. 21:12 o uso do termo é para referir-se ao parceiro masculino nas relações sexuais normais.

Dessa maneira o texto de Levíticos ao que fazemos referência, é uma alusão à sexualidade masculina. Que deve ser usada segundo o princípio divinamente estabelecido, sendo proibida a prática incorreta. Da mesma forma, na sentença que aparece em Lev. 20:13 o transgressor do preceito é identificado com o termo *zakar,* com o qual não permanecem mais dúvidas em relação ao ato que está sujeito a condenação. Ou seja, a união sexual de parceiros do mesmo sexo.

No Novo Testamento, o apóstolo Paulo faz referência ao passado pecaminoso da humanidade. Assinalando que os "homens também, deixando o contato natural da mulher. Se inflamaram mutuamente em sua sensualidade, cometendo torpeza, homens com homens..." (Rom. 1:27). O próprio apóstolo sentencia em outra epístola, que "os injustos não herdarão o reino de Deus nem impuros, nem idólatras, nem adúlteros, nem efeminados, nem sodomitas, nem ladrões, nem avarentos ..." (1 Cor. 6:9).

Esses textos claramente indicam que a vigência do princípio pelo qual existe a diferença sexual, permanece durante o cristianismo e se projeta como qualificativo da salvação, para a eternidade. O termo usado pelo apóstolo Paulo em Rom 1:27 e que é traduzido por homem é *arsenes,* que tem o sentido de varonilidade, masculinidade, relativo ao sexo.

A comparação com outros termos gregos que aparecem na Bíblia e são traduzidos por "homem", permitem destacar mais o sentido da palavra usada por Paulo no texto indicado. Assim, o termo *anthropos,* faz referência ao ser humano, amigo; o termo *aner,* serve para identificar o homem adulto, o noivo, o marido. A ênfase imposta pelo apóstolo para qualificar o ato pecaminoso está no uso do termo *arsenes.*

Pois faz referência ao homem com seus atributos de sexualidade. Usados indevidamente. Igualmente ao elaborar a lista de práticas pecaminosas que excluirão seus adeptos, do reino celestial, o apóstolo usa a palavra grega *arsenokoitai.* Traduzido por "sodomitas". Essa palavra está composta do termo *arsenes,* "homem macho" e do termo *koito,* o "ato sexual".

Dessa maneira podemos inferir que Paulo se referia aos homens que ostentam característica sexual masculina, usando esse atributo em forma indevida.

A Missão da Igreja

Jesus deixou claramente estabelecida a missão que devem cumprir seus fiéis seguidores, organizados em Igreja. Usando o tempo imperativo, disse: "Ide, portanto, fazei discípulos de todas as nações, batizando-os em nome do Pai e do Filho e do Espírito Santo. Ensinando-os a guardar todas as cousas que vos tenho ordenado ..." (Mt. 28:19,20). Nessas palavras estão sintetizadas todas as atividades a serem desenvolvidas pela igreja com a única finalidade de preparar um povo santo para o Céu.

No cumprimento dessa missão a Igreja enfrenta toda gama de obstáculos que tentam impedir de alcançar a sua finalidade. Um desses obstáculos é a crescente tendência libertina da imoralidade, principalmente de expressões irrestritas do homossexualismo. Vimos neste estudo, apesar do silêncio manifestado pela medicina, que existem algumas anormalidades relacionadas com a sexualidade, razão pela qual pessoas do sexo masculino afetadas, poderiam apresentar comportamento efeminado.

Essas pessoas devido a essas características, em geral sofrem discriminação. E facilmente são levadas a constituir grupos com outras semelhantes e depois praticar o homossexualismo. Devemos esclarecer que a Bíblia não condena ninguém por suas deficiências físicas ou anormalidades de qualquer índole.

A condenação Bíblica é para os que praticam atitudes contrárias aos preceitos estabelecidos. Dessa maneira podemos inferir que a sentença não exclui a quem, devido a suas anomalias fisiológicas e estruturais, sendo do sexo masculino, manifesta atitudes tipicamente femininas. A exclusão é para quem pratica o homossexualismo.

Da manifestação de atitudes tipicamente femininas por parte de um jovem, à prática da homossexualidade, por parte do mesmo; há uma distância considerável. Um jovem que padece de tal tipo de distúrbio, pode nunca ter tido uma experiência de relacionamento homossexual. Essa prática está relacionada com a tendência sexual que na linguagem freudiana é conhecida como *libido*.

Condicionada à maturidade geral do indivíduo. Segundo Kretschmer, "a tendência sexual é um produto ... de um ciclo causal bastante complicado onde participam o cérebro, a medula e as glândulas em geral". Essa tendência, ou seja, a *libido*, quando manifestada com intensidade, pode levar a deturpações do comportamento sexual. Cabe enfatizar que atitudes femininas manifestadas principalmente por adolescentes do sexo masculino.

E que frequentam uma igreja, não significam que o tal seja necessariamente um indivíduo homossexual. Esse comportamento, se observado pelos líderes da igreja, pode ter uma razão fisiológica ou anatômica. O reconhecimento desse problema, no entanto, pode ser traumático para os familiares. Mas o líder da igreja, consciente das suas funções.

Fazendo uso de muita cautela e sabedoria pode convencer os parentes para requerer o auxílio médico correspondente. Verificada a raiz que gera essa tendência, será necessário compartilhar com outros membros da comunidade eclesiástica, a explicação clínica do caso. De qualquer forma o vital do problema é evitar o preconceito velado, que produz discriminação e que pode levar o paciente a procurar seus semelhantes.

E dessa forma, ser conduzido à prática do homossexualismo prematuro. Para alívio do problema, a incidência de casos de anormalidade fisiológica e estrutural em pessoas do sexo masculino e que poderiam levar à prática da homossexualidade é pequena. O cerne do problema, no entanto, está na elevada porcentagem de pessoas do sexo masculino. Que praticam a homossexualidade sem serem portadores de nenhuma anormalidade física que os induza a manifestar tal conduta.

Norman L. Geisler, no seu tratado sobre ética afirma que a homossexualidade é um mal "porque coloca a única relação marido e mulher entre dois que não podem ser marido e mulher". Fazendo referência novamente aos resultados obtidos por Alfred Kinsey, onde 37% dos entrevistados por esse pesquisador admitiram que tiveram ao menos uma experiência de homossexualismo.

Se deduz que a maioria são pessoas que foram levadas a tal prática, por forças semelhantes às que induzem um indivíduo à bebida, ao tabaco, ao uso de drogas, as jogatinas, ou a qualquer vício humano. Em outras palavras, pelas forças que operam a tentação e o pecado.

Esta asseveração está baseada na consideração Bíblica sobre o caráter pecaminoso de tais práticas e que resultam em condenação (1 Cor. 6:9,10). Não existindo uma causa física ou psíquica aparente que estimule a conduta homossexual entre pessoas do sexo masculino, deve-se considerar que essa prática é devida ao cultivo de um hábito pernicioso.

Muitos jovens se tornam homossexuais inveterados, da mesma forma do que um bêbado ou um dependente de drogas. Levados unicamente pela atração inconsciente a novas aventuras que no final resulta na formação de um mal hábito. A homossexualidade, vista com a lente bíblica, é uma prática pecaminosa e deve ser evitada e tratada como qualquer ato dessa natureza.

Em certos casos a recuperação pode ser imediata, mas noutros pode criar-se uma esfera de pessimismo. A expressão Bíblica sugere manter confiança no poder sobrenatural por que outros que sofriam desses males, foram lavados. Santificados, justificados, "em nome do Senhor Jesus Cristo" (1 Cor. 6:11).

O papel do líder da igreja, neste como em todos os demais casos em que lhe cabe enfrentar esse tipo de hábitos deve ser o de prevenir o mal. O pastor da igreja sabe que sua função fundamental é a redenção dos que a ele lhe são confiados. Será de bom empenho fazer referência aos males da sociedade moderna protegendo sua comunidade, da contaminação do mundo —**RUBENS Águila. O Homossexualismo na sociedade e na Igreja, SALT BRASIL. 2017**

Lanna Holder é a cópia fiel de um espirito da umbanda denominado Pomba Gira, a esposa de satanás, e a representante máxima das trevas neste mundo. Este demônio em forma de mulher passou décadas pregando o Evangelho e anunciando as Boas Novas de Salvação deixadas por Cristo para sua igreja.

Inclusive a doutrina da santificação que é a base do evangelho. E, depois de tanto contender com o Diabo em defesa das almas que ela, com seu trabalho evangelístico ajudou a salvar, entregou a si mesmo nas garras do maldito. Essa imagem e semelhança do maligno é, sem a menor dúvida, a encarnação de algum dos piores espíritos saídos da escuridão na missão de arrastar o máximo possível de pecadores até as profundezas do abismo.

A Bíblia Sagrada nos adverte sobre a vinda do Ante Cristo, a encarnação de satanás, que virá a este mundo para governar os que rejeitaram a misericórdia de Deus. E governará durante a grande tribulação por sete anos, sendo vencido e derrotado pelo Senhor depois da Guerra do confronto com o Rei dos reis. Entretanto, não há dúvidas de que ele já encarnou na forma humana neste mundo diversas vezes e causou a destruição de muitas vidas.

Poderíamos citar diversos nomes para ilustrar essa verdade, porém, basta mencionar dois: Adolf Hitler e Lanna Holder, a filha e serva do coisa ruim. Se um causou a morte de milhões de pessoas durante a Segunda Guerra, a outra vai levando consigo outros milhões para inferno. Através do péssimo exemplo dado ao se identificar como pastora homossexual, ao assumir publicamente seu caso homossexual com outra mulher ela simplesmente incentivou milhares de pessoas, na maioria jovens e adolescentes sem a menor maturidade espiritual.

No mundo inteiro a seguir seu exemplo, abdicando da salvação garantida em Cristo. E seguindo após os desejos abomináveis da carne humana, em forma de homossexualidade. Representando a devassidão em forma humana, essa sacerdotisa de Baal tem sido uma mancha à verdadeira igreja de Jesus Cristo na terra.

Como Ela é Conceituada no Mundo LGBT

"Lanna Holder foi a primeira pastora evangélica a se declarar lésbica no Brasil, em 2011. Por quase dez anos, porém, ela pregou contra a homossexualidade, divulgando a polêmica "cura gay". "Eu era a versão feminina do Silas Malafaia", comenta. Ironicamente, durante uma pregação nos EUA, ela se apaixonou por uma cantora da igreja, Rosania Rocha. A atração rolou de cara, mas levou cerca de um ano para que se declarassem uma para a outra. Só que Lanna era uma celebridade evangélica, com milhões de visualizações no YouTube em vídeos que descreviam sua "cura". Rosania era casada com um pastor. Ao assumir a homoafetividade, viraram párias dentro da religião que amavam. Um pastor muito influente no Brasil, cuja identidade elas não revelam, as orientou: "Fiquem juntas.

Deus quer vê-las felizes. O que não é certo é vocês estarem ainda casadas". Só que Rosania não podia se divorciar porque estava esperando a cidadania americana e, se deixasse o país, talvez não visse mais o filho. Lanna não tinha condição de ficar mais nos EUA e voltou ao Brasil. Separada de Rosania, voltou a pregar na Assembleia de Deus, mas sem mencionar homossexualidade.

Dois anos depois, Rosania estava de volta ao Brasil e aos braços de Lanna. Tentaram frequentar outras igrejas, mas sempre ouviam afrontas de pastores contra gays. Em 2011, inauguraram a Cidade de Refúgio, comunidade evangélica com sede em São Paulo para 2 mil pessoas e presente em quatro Estados.

Toda pregação é baseada na Bíblia, com a diferença de que a homossexualidade é interpretada como algo que não impede ninguém de herdar o reino dos céus. Para aumentar o rebanho, as pastoras vão a redutos da comunidade gay em São Paulo e fazem flashmobs, cantando, dançando e travando contato com muitos que se interessam pela performance. Elas também frequentam a Parada LGBT, a Feira da Diversidade e a Caminhada Lésbica, entregando folhetos com mensagens cristãs.

Além de organizar cultos e eventos, a igreja distribui cestas básicas para cem famílias. E tem uma ONG que oferece tratamento psicológico aos fiéis, já que muitos deles vêm de um contexto em que uma orientação sexual alternativa é tratada como doença, pecado ou possessão demoníaca

—**REVISTA SUPER INTERESSANTE.** Gay também é Crente. Edição 399. 2018

Capítulo 4 – Como Deus Vê o Homossexualismo

O texto bíblico em Levítico 20:13 é bem explícito ao afirmar que o Senhor, nosso Deus, abomina o ato sexual entre pessoas do mesmo sexo, tanto que ordenou a seu servo Moisés que executasse a pena de morte aos que assim procedessem.

Dessa maneira, entende-se que ele vê a homossexualidade, quer masculina ou feminina, como algo abominável e totalmente repugnante. Portanto, é dever de cada um de seus filhos seguir seu exemplo, jamais apoiando tamanha infâmia. Todo cristão, que recebeu em sua vida o perdão de todos os seus pecados passados mediante a confissão do nome de Cristo.

Tem compromisso com as verdades descritas no Evangelho da Graça outorgado pelo Senhor Jesus e, ao mesmo tempo, revelado pelo Espirito Santo através de seus santos apóstolos. E é nele que encontramos diversos alertas sobre a necessidade de nos mantermos sempre moralmente puros diante daquele que nos comissionou ao seu Reino.

Lemos em Hebreus 12:14 — "Buscai a paz com todos e a santificação, sem a qual ninguém verá a Deus". Paulo, em sua carta enviada aos romanos, declara: "Portanto, agora nenhuma condenação há para os que estão em Cristo Jesus, que não andam segundo a carne, mas segundo o Espírito.

Porque a lei do Espírito de vida, em Cristo Jesus, me livrou da lei do pecado e da morte. Porquanto o que era impossível à lei, visto como estava enferma pela carne, Deus, enviando o seu Filho em semelhança da carne do pecado, pelo pecado condenou o pecado da carne, Para que a justiça da lei se cumprisse em nós, que não andamos segundo a carne, mas segundo o Espírito.

Porque os que são segundo a carne inclinam-se para as coisas da carne; mas os que são segundo o Espírito para as coisas do Espírito. Porque a inclinação da carne é morte; mas a inclinação do Espírito é vida e paz. Porquanto a inclinação da carne é inimizade contra Deus, pois não é sujeita à lei de Deus, nem, em verdade, poderia ser.

Portanto, os que estão na carne não podem agradar a Deus. Vós, porém, não estais na carne, mas no Espírito, se é que o Espírito de Deus habita em vós. Mas, se alguém não tem o Espírito de Cristo, esse tal não é dele. E, se Cristo está em vós, o corpo, na verdade, está morto por causa do pecado, mas o espírito vive por causa da justiça.

E, se o Espírito daquele que dentre os mortos ressuscitou a Jesus habita em vós, aquele que dentre os mortos ressuscitou a Cristo também vivificará os vossos corpos mortais, pelo seu Espírito que em vós habita. De maneira que, irmãos, somos devedores, não à carne para viver segundo a carne.

Porque, se viverdes segundo a carne, morrereis; mas, se pelo Espírito mortificardes as obras do corpo, vivereis. Porque todos os que são guiados pelo Espírito de Deus esses são filhos de Deus. Porque não recebestes o espírito de escravidão, para outra vez estardes em temor, mas recebestes o Espírito de adoção de filhos, pelo qual clamamos: Aba, Pai.

O mesmo Espírito testifica com o nosso espírito que somos filhos de Deus. E, se nós somos filhos, somos logo herdeiros também, herdeiros de Deus, e co-herdeiros de Cristo: Se é certo que com ele padecemos, para que também com ele sejamos glorificados. Porque para mim tenho por certo que as aflições deste tempo presente não são para comparar com a glória que em nós há de ser revelada.

Porque a ardente expectação da criatura espera a manifestação dos filhos de Deus. Porque a criação ficou sujeita à vaidade, não por sua vontade, mas por causa do que a sujeitou. Na esperança de que também a mesma criatura será libertada da servidão da corrupção, para a liberdade da glória dos filhos de Deus."
Romanos 8:1-21

Neste texto bíblico mais uma vez fica claro a atual situação da igreja e do cristão diante de Deus, todos nós fomos salvos ao aceitarmos Cristo como nosso Salvador e Senhor. "Portanto, agora nenhuma condenação pá para os que estão em Cristo Jesus."(vv1) Então, se estamos livres da condenação eterna por qual razão voltaríamos a cometer novos delitos e pecados graves ao ponto de nos tornarmos, mais uma vez, uma abominação diante do olhos de nosso Pai Celeste? Para o Senhor, a prática do ato sexual só deve ser feita por um homem e sua mulher, jamais de outra maneira.

É abominável a relação íntima desse com qualquer parenta de sua carne, com outro homem, com prostitutas, com animais e de outras formas que não seja apenas com sua esposa. Afim de que não venha a perder o direito de continuar fazendo parte do povo de Deus e a sua salvação (Levítico 18: 6-36). Todas essas uniões íntimas são consideradas imundas diante do puro olhar do Altíssimo.

Pouco importa o que ensinam as doutrinas de determinadas igrejas contaminadas com a semente maligna do modernismo religioso, pois são elas as responsáveis pela apostasia desses últimos dias. Se nesta era em que vivemos a humanidade está cada vez mais alienada dos conceitos sagrados a razão disso está nas falsas doutrinas que fermentaram a mente fraca dos cristãos sem maturidade espiritual.

Através de ensinamentos de demônios, que usam seus líderes, pastores, pregadores e mestres para lhes ensinar o caminho da perdição. O Senhor, Deus de toda terra, olha dos altos céus entristecido por vê suas criaturas caminhando a passos largos para o abismo, completamente cegas e surdas para o clamor do seu Santo Espírito, que usa a boca dos poucos fiéis que ainda restam na terra para lhes advertir sobre o dia do juízo vindouro.

Porém eles não lhe dão ouvidos e seguem acorrentados ao pecado, arrastados pelos grilhões da rebeldia, conduzidos por satanás a um fim triste e lamentável, de todas as formas usadas pelo Diabo para cegar a visão dos seres humanos e afastá-los da comunhão com seu Pai Celestial. A imoralidade sexual sempre foi a que mais lhe trouxe vultuosos resultados, e entre tantas maneiras do homem praticá-la o homossexualismo se destaca como o ato mais nocivo, porque tem se espalhado sobre a face da terra como um vírus incontrolável.

Homossexualismo na Igreja

Alcançando todas as camadas da sociedade, inclusive a própria igreja cristã que deveria servir como exemplo de pureza e santidade diante de um mundo caótico e alienado da luz divina. Por essa razão Deus vê a homossexualidade como a pior de todas as abominações praticadas pelo ser humano, uma afronta inaceitável por ferir e manchar sua essência mais profunda, considerando ter sido o homem criado para ser sua imagem e semelhança.

A ordenança dada pelo Senhor a Moisés para que os imorais fossem mortos, caso praticassem tal ato, ainda perdura até hoje. Claro que a pena de morte para os homossexuais não é mais executada fisicamente, mas no espirito. Todo aquele que pratica a homossexualidade está morto espiritualmente e ao desencarnar será lançado nas trevas e naquele último dia, no Juízo Final.

Eerá jogado no lago de fogo, juntamente com satanás, seus demônios e com todos os amantes da imoralidade, visto que seus nomes não se encontram anotados no Livro da Vida (Apocalipse 21:8) Deus, de fato, ama cada pecador em particular, mas odeia o pecado. O pai do pecado é satanás e dele são provenientes todas as formas de imoralidade

Capítulo 5 – Como Deus vê o Homossexual

Devido Jesus ter dito que jamais lançaria fora todo aquele que viesse a ele, os homossexuais são levados a crer que podem simplesmente se converter ao cristianismo e passar a frequentar determinadas religiões, denominando=se cristãos e filhos de Deus sem, no entanto, abandonarem suas práticas vergonhosas.

De ato o Senhor se dispõe a receber qualquer tipo de pecador, independente da dimensão de seus delitos praticados, mas existe uma condição a ser aceita e vivida por todos aqueles que decidirem segui-lo. Após convertido a Cristo e ter recebido o perdão o homem deve abandonar sua antiga vida de pecados e permanecer em novidade de vida.

Ou seja, deixar para trás todas as suas práticas imorais e dali em diante ser uma nova criatura, de forma que possa ser exemplo para os demais que ainda permanecem caídos na sarjeta da iniquidade.

Pensar ser possível seguir no caminho com Cristo, levando na bagagem as mesmas mazelas de imundícies que dantes fez uso por causa da influencia das trevas é um tremendo erro.

Pois a luz e as trevas não andam juntas. Os discípulos de Cristo devem, antes de tudo, serem luz meio as densas trevas que dominam este mundo dominado pela escuridão promovida por satanás, se não for assim não farão a menor diferença diante dos céticos que murmuram contra os céus.

A morte de Cristo na cruz não deve ser neutralizada ou se tornar em vão na vida de quem a ele se entregou, ela certamente irá causar profundas transformações em suas existências, desde que ache espaço para isso. Os textos bíblicos abaixo deixam patente a ação transformadora do Espírito de Deus nos que verdadeiramente se voltam para o Senhor, nada neles será como antes, a não ser que sua conversão tenha sido falsa.

Desde o momento em que aceitamos o sacrifício feito pelo Salvador no calvário tudo em nós é transformado. Assim nos advertem as Escrituras a respeito da ação da luz divina no cristão:

"Não vos prendais a um jugo desigual com os infiéis; porque, que sociedade tem a justiça com a injustiça? E que comunhão tem a luz com as trevas? 2 Coríntios 6:14

Se dissermos que temos comunhão com ele, e andarmos em trevas, mentimos, e não praticamos a verdade 1 João 1:6 **E a luz resplandece nas trevas, e as trevas não a compreenderam** João 1:5

Mas, se andarmos na luz, como ele na luz está, temos comunhão uns com os outros, e o sangue de Jesus Cristo, seu Filho, nos purifica de todo o pecado.

Ele me guiou e me fez andar em trevas e não na luz. Lamentações 3:2

Vê, pois, que a luz que em ti há não sejam trevas. Lucas 11:35

E viu Deus que era boa a luz; e fez Deus separação entre a luz e as trevas. Gênesis 1:4

E confias que és guia dos cegos, luz dos que estão em trevas, Romanos 2:19

Aquele que diz que está na luz, e odeia a seu irmão, até agora está em trevas. 1 João 2:9

Ai dos que ao mal chamam bem, e ao bem mal; que fazem das trevas luz, e da luz trevas; e fazem do amargo doce, e do doce amargo! Isaías 5:20

Quem há entre vós que tema ao Senhor e ouça a voz do seu servo? Quando andar em trevas, e não tiver luz nenhuma, confie no nome do Senhor, e firme-se sobre o seu Deus! Isaías 50:10

Da luz o lançarão nas trevas, e afugentá-lo-ão do mundo Jó 18:18

Nas trevas minam as casas, que de dia se marcaram; não conhecem a luz Jó 24:16

Ele revela o profundo e o escondido; conhece o que está em trevas, e com ele mora a luz Daniel 2:22

Não será, pois, o dia do Senhor trevas e não luz, e escuridão, sem que haja resplendor Amós 5:20

Nem ainda as trevas me encobrem de ti; mas a noite resplandece como o dia; as trevas e a luz são para ti a mesma coisa Salmos 139:12

Se, porém, os teus olhos forem maus, o teu corpo será tenebroso. Se, portanto, a luz que em ti há são trevas, quão grandes serão tais trevas! Mateus 6:23

O povo, que estava assentado em trevas, Viu uma grande luz; aos que estavam assentados na região e sombra da morte, A luz raiou Mateus 4:16

E a condenação é esta: Que a luz veio ao mundo, e os homens amaram mais as trevas do que a luz, porque as suas obras eram más João 3:19

Porque noutro tempo éreis trevas, mas agora sois luz no Senhor; andai como filhos da luz Efésios 5:8

Das trevas descobre coisas profundas, e traz à luz a sombra da morte.

Jó 12:22

Nas trevas andam às apalpadelas, sem terem luz, e os faz desatinar como ébrios Jó 12:25

Trocaram a noite em dia; a luz está perto do fim, por causa das trevas Jó 17:12

Quando fazia resplandecer a sua lâmpada sobre a minha cabeça e quando eu pela sua luz caminhava pelas trevas Jó 29:3

Aos justos nasce luz nas trevas; ele é piedoso, misericordioso e justo Salmos 112:4

Eu sou a luz que vim ao mundo, para que todo aquele que crê em mim não permaneça nas trevas João 12:46

Disse-lhes, pois, Jesus: A luz ainda está convosco por um pouco de tempo. Andai enquanto tendes luz, para que as trevas não vos apanhem; pois quem anda nas trevas não sabe para onde vai João 12:35

O povo que andava em trevas, viu uma grande luz, e sobre os que habitavam na região da sombra da morte resplandeceu a luz Isaías 9:2

Falou-lhes, pois, Jesus outra vez, dizendo: Eu sou a luz do mundo; quem me segue não andará em trevas, mas terá a luz da vida João 8:12

Marcou um limite sobre a superfície das águas em redor, até aos confins da luz e das trevas Jó 26:10

Onde está o caminho onde mora a luz? E, quanto às trevas, onde está o seu lugar Jó 38:19

Se disser: Decerto que as trevas me encobrirão; então a noite será luz à roda de mim Salmos 139:11

O que vos digo em trevas dizei-o em luz; e o que escutais ao ouvido pregai-o sobre os telhados. Mateus 10:27

O que vimos e ouvimos, isso vos anunciamos, para que também tenhais comunhão conosco; e a nossa comunhão é com o Pai, e com seu Filho Jesus Cristo 1 João 1:3

E para governar o dia e a noite, e para fazer separação entre a luz e as trevas; e viu Deus que era bom Gênesis 1:18

Converta-se aquele dia em trevas; e Deus, lá de cima, não tenha cuidado dele, nem resplandeça sobre ele a luz Jó 3:4

Porque todos vós sois filhos da luz e filhos do dia; nós não somos da noite nem das trevas 1 Tessalonicenses 5:5

E esta é a mensagem que dele ouvimos, e vos anunciamos: que Deus é luz, e não há nele trevas nenhumas 1 João 1:5

E Deus chamou à luz Dia; e às trevas chamou Noite. E foi a tarde e a manhã, o dia primeiro Gênesis 1:5

Então vi eu que a sabedoria é mais excelente do que a estultícia, quanto a luz é mais excelente do que as trevas Eclesiastes 2:13

Por isso o juízo está longe de nós, e a justiça não nos alcança; esperamos pela luz, e eis que só há trevas; pelo resplendor, mas andamos em escuridão Isaías 59:9

Ai daqueles que desejam o dia do Senhor! Para que quereis vós este dia do Senhor? Será de trevas e não de luz Amós 5:18

Porventura o cálice de bênção, que abençoamos, não é a comunhão do sangue de Cristo? O pão que partimos não é porventura a comunhão do corpo de Cristo? 1 Coríntios 10:16

Eu formo a luz, e crio as trevas; eu faço a paz, e crio o mal; eu, o Senhor, faço todas estas coisas Isaías 45:7

Ó inimiga minha, não te alegres a meu respeito; ainda que eu tenha caído, levantar-me-ei; se morar nas trevas, o Senhor será a minha luz Miquéias 7:8

Porquanto tudo o que em trevas dissestes, à luz será ouvido; e o que falastes ao ouvido no gabinete, sobre os telhados será apregoado Lucas 12:3

E de haver comido todos os seus dias nas trevas, e de haver padecido muito enfado, e enfermidade, e furor? Eclesiastes 5:17

E se abrires a tua alma ao faminto, e fartares a alma aflita; então a tua luz nascerá nas trevas, e a tua escuridão será como o meio-dia Isaías 58:10

A noite é passada, e o dia é chegado. Rejeitemos, pois, as obras das trevas, e vistamo-nos das armas da luz Romanos 13:12

O SENHOR é a minha luz e a minha salvação; a quem temerei? O SENHOR é a força da minha vida; de quem me recearei? Salmos 27:1

Logo, como poderia alguém se intitular crente em Jesus, herdeiro da salvação por intermédio da cruz de Cristo e ainda assim permanecer na prática da imoralidade? Para ter o direito de intitular-se filho de Deus e merecedor de habitar com ele nas mansões celestiais o homem deve primeiramente converter-se de todo coração.

De alma e espirito a Deus e em seguida abandonar todas as suas antigas paixões mundanas e carnais, passando a viver de maneira dina e moralmente santa, honrando o nome daquele que lhe concedeu o prêmio da salvação.

Deus ama o pecador?

Sim, Deus ama o pecador. Deus ama todas as pessoas, porque todos fomos criados por Ele à Sua imagem e semelhança (Gênesis 1:27). Mas Deus odeia o mal e não tolera o pecado. Deus nos ama mas odeia o pecado que nos corrompe.

Cada pessoa é única, criada por Deus com amor e cuidado (Salmos 139:13-14). Todos refletem um pouco da glória de Deus porque todos são criados à Sua imagem e semelhança. Deus ama cada pessoa porque cada pessoa é Sua criação.

Mas Deus detesta o pecado (Isaías 61:8). O pecado corrompe e destrói a criação de Deus, causando, sofrimento e desgraça.

O pecado nos separa de Deus, porque nada manchado pelo pecado pode entrar na presença de Deus, que é perfeitamente puro.

Todos pecamos. Não há ninguém completamente puro (Romanos 3:23). O pecado ganha raízes e nos corrompe, afetando nossas atitudes, ações, emoções e palavras. Todos somos pecadores.

Deus odeia nosso lado corrompido pelo pecado (Salmos 11:5). Por causa de Sua justiça, Deus exige que o pecado seja castigado. O pecador merece o castigo e a ira de Deus, porque escolheu pecar.

Mas, escondido e manchado por muito pecado, ainda há uma pessoa criada à imagem de Deus, que Deus ama.

Deus ignora o pecado porque ama o pecador?

Não, Deus não vai ignorar o pecado para salvar o pecador. Isso seria injusto e assim ninguém teria razão para parar de pecar. Todo pecado tem de receber o castigo justo. Mas Deus não fica feliz por castigar ninguém. Por isso, Ele decidiu levar o castigo (Romanos 5:6-8).

Deus veio à terra como um homem – Jesus. Durante sua vida, Jesus nunca pecou. Ele se ofereceu para tomar nosso lugar e morreu na cruz por nossos pecados.

Quando alguém se arrepende de seus pecados e aceita Jesus como seu salvador, espiritualmente essa pessoa morre na cruz e ressuscita com Jesus (Romanos 6:2-4). Agora a pessoa tem uma segunda vida, uma segunda oportunidade.

Isso não significa que quem é salvo nunca peca. Enquanto ainda vivemos neste mundo imperfeito, ainda vamos falhar e cometer pecados. Mas agora Jesus mora dentro de cada pessoa salva.

Jesus é perfeito e nos ajuda a lutar contra o pecado. Ao longo de nossas vidas, ele nos limpa do pecado e ajuda a mostrar mais da glória de Deus. Isso se chama santificação.

Ser salvo por Jesus não significa que o pecado não importa. Deus ainda fica irado com o pecado. Quem conhece a salvação e continua a pecar, sem se arrepender, goza com o sacrifício de Jesus e receberá castigo (Hebreus 10:29-31) — **Respostas Bíblicas**. Respostas à Luz da Bíblia. 2014 – 2019

A reposta para a indagação feita no início deste capítulo é simples: Deus contempla o homossexual com olhar de compaixão, pois sabe que ele vive sob a escravidão do pecado e precisa de libertação. Apesar da ciência afirmar ser a homossexualidade um defeito nos cromossomos da sexualidade masculina e feminina, sabemos pela luz da Bíblia que se trata de uma situação voltada ao lado espiritual do ser humano, é uma maldição lançada sobre as almas que escolhem não adorar ao seu Criador, como bem nos esclarece Paulo, em Romanos 1: 26,27.

Entretanto, mesmo sendo forçado a amaldiçoa-los, devido sua teimosia em se rebelar contra sua majestade e poder, se compadece da decadente situação do pecador e por amor enviou a Cristo, seu único Filho, para derramar seu sangue puro carmesim na cruz e possibilitar aos tais a oportunidade de se redimir de seus delitos, aceitando-o como Senhor de suas vidas, voltando a plena comunhão com seu Criador. Em resumo, é correto afirmar que o Altíssimo ama o pecador e deseja que ele seja liberto da escravidão em que vive, por essa razão o apóstolo João, ao tentar explicar a imensidão do amor do Pai Eterno, escreveu:

"Porque Deus amou o mundo de tal maneira que deu seu único Filho Unigênito, para que todo aquele que nele crê não pereça, mas tenha a Vida Eterna" (João 3:16)

O sacrifício de Cristo no calvário foi e sempre será a maior prova de amor que Deus deu ao homem, pois quem jamais teria coragem de dar a vida de um filho em favor de alguém, principalmente o único que possuísse? Mas ele fez isso por todos nós. Apesar de condenar o pecado e exigir de seu povo uma posição contrária às iniquidades que o mundo em redor pratica, ele deseja imensamente resgatar cada alma que se perdeu.Por causa da desobediência de nossos primeiros pais, no Éden, e por isso enviou seu Filho para executar seu precioso plano de salvação e libertar os cativos dos grilhões da morte.

A Maior Prova do Amor de Deus Por Nós

"A primeira coisa da qual nós queremos tomar posse da Palavra de Deus de hoje é da certeza e da convicção de que Deus nos amou.

Sim, realmente o Altíssimo nos amou muito, porque, quando a Palavra diz que Deus amou tanto o mundo, não está se referindo a esse mundo pecaminoso que nos estraga. Mas sim ao mundo que somos" eu e você", a nós que fazemos parte desse mundo de meu Deus. Deus não quis ver a Sua obra estragada e perdida; Ele quis resgatá-la tamanho é o Seu amor por cada um de nós. Quando nós tomamos posse do amor que Deus tem por nós, a nossa vida adquire outro sentido e outro sabor!

Quando nós temos a convicção do tamanho do amor que Deus tem por nós, a nossa vida assume outra direção. Desse modo, nós sabemos lidar melhor com ela e enfrentar, com outros olhos, a dureza da vida. As decepções do cotidiano, as frustrações com aquilo que quereríamos fazer e não se realizou.

Porque absolutamente nada é mais importante em nossa vida do que esse amor que Deus tem por nós, o qual deve consumir as nossas entranhas. Deve possuir nosso coração e dar direção e meta para a nossa vida: a certeza de que somos amados.

E de que maneira Deus nos amou? Ele nos amou tanto que nos deu Seu único Filho! Sim, Ele nos deu Seu Filho, não para se aventurar no meio de nós, Ele nos deu Seu Filho para nos resgatar e para nos salvar! Quando eu e você olhamos para Jesus, quando nós encontramos uma cruz, encontramos o Crucificado nela pregado, quando nós encontramos Jesus no Sacrário, quando nós encontramos Jesus na Sua Palavra, nós podemos dizer, melhor ainda, podemos traduzir:

Jesus é a maior prova do amor de Deus para comigo, para com você e para com cada um de nós! Cada gesto de Jesus, cada palavra de Jesus, sobretudo os Seus gestos mais profundos: morrer por nós e ressuscitar para nos dar a vida nova, são os atos profundos do amor de Deus para conosco. Ali na cruz, Ele estava gritando e expressando com Sua vida o tanto que Deus nos ama. E quando olhamos para esse mesmo Jesus, Nosso Deus amado, encarnado, vivo no meio de nós, estejamos certos de que Ele não está no meio de nós para nos condenar.

Nem para apontar o dedo para nós, nem para nos dizer que somos errados. Ele está no meio de nós para nos salvar! Jesus não é o condenador do Pai, Jesus é o Salvador, que o Pai maravilhoso nos enviou para nos redimir e para nos salvar! Quando eu tomo posse da salvação de Jesus em minha vida, o amor de Deus cresce em meu coração, e quando este amor cresce, a minha mente, o meu coração e a minha vida são transformados. Que hoje eu e você sejamos tocados pela grandeza do amor de Deus por cada um de nós!" — **HOMÍLIA DÁRIA.** Jesus é a Maior Prova do Amor de Deus Por Nós. 2019

Capítulo 6 – Lidando com Homossexuais

"Portanto, és inescusável quando julgas, ó homem, quem quer que sejas, porque te condenas a ti mesmo naquilo em que julgas a outro; pois tu, que julgas, fazes o mesmo". Romanos 2:1

O Texto bíblico citado acima mostra a repreensão do apóstolo Paulo aos irmãos romanos por criticar ou julgarem as fraquezas de seus semelhantes, quando eles também eram passiveis de cometer os mesmos erros. Em Mateus 7:1- 4, o Senhor nos adverte:

"Não julgueis para que não venhais a ser julgados, porque com a medida que julgardes sereis julgados e com a medida que medirdes, medirão também a vós. Porque reparas tu no sujo que está no olho do teu irmão, porém não reparas no que está no teu próprio? Ou como dirás ao teu irmão: Deixe-me limpar teus olhos, quando os teus estão também sujos?

Hipócrita, limpa primeiro teus olhos e somente depois tentas limpar o do teu irmão!" — Nenhum de nós, por mais fiéis e devotos que sejamos diante da fé que um dia confessamos em Deus recebemos dele o direito de apontar o dedo em riste na direção de nossos semelhantes, independente do tipo e da imensidão de pecados que estes possam ter cometido no longo de suas existências terrenas.

Essa atitude é digna dos hipócritas, pessoas cheias de orgulho e falsidades que condenam os outros, enquanto cometem os mesmos erros ou até piores. Jesus repreendeu os judeus pela mania que tinham de criticar aqueles que viviam em redor, considerando-os como indignos de respeito e consideração por não seguirem suas tradições, entretanto, eles mesmos eram tão sujos em suas atitudes quanto os demais, mesmo que seus atos infames

Fossem secretos e ninguém visse. Mas Jesus, sendo Deus e conhecedor de todas as coisas, pôde ver o sujo oculto dentro da vasilha dos fariseus, ou seja, viu a maldade que estava inserida nos seus corações e apontou suas fraquezas. Na verdade, foi isso que causou ódio em seus inimigos ao ponto de desejarem sua morte na cruz, eles se consideravam perfeitos demais diante dos frequentadores do templo, eram reverenciados e vistos como homens de admirável perfeição moral.

Porém o Senhor veio para tirar-lhes a mascara e mostrar publicamente o quanto aqueles religiosos eram falsos e mentirosos. Em Lucas 18: 9-14 lemos a parábola do fariseu e do publicano, onde o primeiro, por se considerar perfeito em suas ações diante de Deus apontou os erros de seu próximo. Acusando-o de ser um vil pecador, enquanto ele orava três vezes ao dia e cumpria com seus deveres como religioso.

Porém, ao finalizar a parábola Jesus afirma que quem saiu do templo justificado diante do Pai Celeste foi aquele que orou confessando seus pecados e admitindo ser indigno de compaixão. Infelizmente, existem dentro de nossos templos muitas pessoas que agem de igual maneira, julgando seus semelhantes por considera-los inferiores, olhando-os apenas de forma egoísta, sem considerar seus próprios erros.

Jean Francesco em seu artigo ao site Guia-me faz um breve, mas importante comentário sobre a forma mais correta de um cristão se relacionar com pessoas homossexuais e de como lidar com elas à luz da Bíblia:

"1. BÍBLIA X HOMOSSEXUALIDADE. Muitos "cristãos coloridos" tentam provar que na Bíblia a homossexualidade não é um pecado. Eles geralmente argumentam que o contexto cultural em que Bíblia foi registrada era extremamente machista, por isso as mulheres, homossexuais e tantos outros absurdos eram permitidos. No entanto, sendo a cultura alterada, práticas que antigamente eram proibidas naturalmente deixam de ser. Os textos supostamente machistas são

1. Gênesis 1.27: "Deus criou o homem e mulher";

2. Gênesis 19.5-7: "Existência de homossexuais em Sodoma e Gomorra";

3. Lev 18.22: "Proibição de um homem deitar-se com outro homem";

4. Juízes 19.22-23: "Homens querendo abusar sexualmente de um viajante";

5. Romanos 1.27: "Homens e mulheres mudaram o jeito natural das relações sexuais";

6. 1Coríntios 6.9: "Homossexualidade passiva e ativa como um pecado";

7. 1Timóteo 1.10: "Sodomia (homossexualidade ativa) é vista como um pecado"

Contrariando essa ideia, Robert A. J. Gagnon escreveu um livro de 500 páginas nomeado:" A Bíblia e a prática homossexual: Textos e hermenêutica" no ano de 2001. No livro ele analisa todos os textos bíblicos em seu contexto cultural e teológico chegando a conclusão de que a homossexualidade é uma distorção da sexualidade criada por Deus, logo é inaceitável que a prática não seja um pecado sexual.

Por outro lado, existem muitos "cristãos cinzentos", histéricos e sisudos esbravejando como se a homossexualidade fosse o pior pecado do mundo. Temos que banir tal hipocrisia de nosso meio. Para alguns religiosos de nosso tempo é bem provável que Jesus dissesse:

"Fariseus hipócritas! Vocês elegem a homossexualidade como o pior pecado do mundo, mas ignoram os demais. Vocês lutam contra a homossexualidade, mas toleram os corruptos. Vocês condenam os homossexuais, mas aliviam a barra e avareza dos empresários injustos. Vocês boicotam os comerciais da Boticário, mas continuam se vestindo com roupas da Zara, M. Officer e Hering.

Que respondem processos de trabalho escravo". Na perspectiva bíblica a homossexualidade é vista como um pecado. Na verdade, a Bíblia é contra qualquer tipo de distorção da prática sexual heterossexual-monogâmica. Assim o adultério, a fornicação, a zoofilia, o incesto, a pedofilia, a prostituição e a homossexualidade são distorções da sexualidade projetada originalmente por Deus.

Qualquer cristão, "colorido ou cinzento", que ir além do que foi dito acima não entende muita coisa sobre sexualidade bíblica. Muito menos conhece Jesus — tão amado pela comunidade LGBT —, pois ele também pensava assim, veja o que ele disse: "Não tendes lido que o Criador, desde o princípio, os fez homem e mulher e que disse:

Por esta causa deixará o homem pai e mãe e se unirá a sua mulher, tornando-se os dois uma só carne?" (Mateus 19.4-5). Vamos falar com mais clareza. Não somos "coloridos", tão pouco "cinzentos-sisudos", somos seres humanos e, aos olhos dele, somos todos farinha do mesmo saco. A luta do homossexual não é diferente da minha, Jean Francesco, heterossexual casado.

Eu também luto diariamente para ser fiel a minha esposa, ser verdadeiro e justo em minhas relações, não cair na avareza e egoísmo, trabalhar duro para ganhar meu dinheiro, e etc. Somos todos iguais e seremos salvos por Jesus pelo mesmo caminho: arrependimento e fé na cruz e ressurreição do Salvador.

2. CRISTÃOS X HOMOSSEXUAIS.

Vou tentar ser rápido e dizer como um cristão deve se relacionar com homossexuais. Os cristãos estão sendo acusados por pelo menos 3 coisas: 1. Ódio declarado; 2. Preconceito, intolerância e homofobia; 3. Interferir nos direitos humanos.

Por outro lado, os ativistas LGBT igualmente são acusados pelos cristãos em 2 coisas: 1. Tentar criminalizar a opinião contrária da Igreja; 2. Promover ataques contra o cristianismo. Esse é o confronto real que a gente vê se repetindo diariamente.

Meu ponto é que nenhum dos dois grupos está totalmente certo ou errado. A discussão ficou muito polarizada e violenta. Existe pouco respeito e inteligência em ambos os lados. Por exemplo, existem "cristãos" que odeiam gays e gays que odeiam cristãos; existem cristãos que manifestam amor e vice-versa.

Existe preconceito e homofobia por parte de alguns cristãos e também existem pessoas do movimento LGBT atacando o cristianismo. Existem cristãos intolerantes e gays intolerantes, mas existem também cristãos tolerantes e gays respeitosos. O que não pode existir é a ilusão de que se vence intolerância com mais intolerância e o ódio com mais ódio.

Precisamos urgentemente aprender a conversar como seres inteligentes e amorosos, sem essa dupla bem afinada, a briga não terminará jamais. E, ao que tudo indica, parece que a guerra não vai terminar.

Meus irmãos cristãos amados, vamos aprender uma coisa: cristãos de verdade não odeiam homossexuais. Cristãos de verdade acolhem, amam, querem amizade e existem para servir o Evangelho aos homossexuais; cristãos de verdade oram e trabalham pela salvação de todos, inclusive homossexuais. Creia junto comigo que cristãos verdadeiros lutam para combater a injustiça e a violência contra os homossexuais.

Creia comigo também que por causa do amor de Jesus, todo pecador, heterossexual ou homossexual, pode ser perdoado e receber a vida eterna. Esse é o amor que realmente vence no final.

3. ESTADO X HOMOSSEXUALIDADE. Por fim, vou dar a minha opinião sobre aquilo que a Suprema Corte americana decidiu a respeito do casamento entre pessoas do mesmo sexo. Por 5 votos a 4, a Corte Suprema decidiu que tribunais estaduais não podem mais proibir o casamento de casais do mesmo sexo e derrubou as emendas constitucionais estaduais de Michigan, Kentucky, Ohio, Tennessee que definiam o casamento apenas entre um homem e uma mulher.

É importante dizer, antes de tudo, que ser contra a prática homossexual não significa automaticamente ser contra a união civil igualitária. Como cristão acho a homossexualidade uma distorção da sexualidade criada por Deus, mas sou a favor de que eles tenham o direito de morarem juntos. Ter direito à herança, partilha de bens, e até a adoção — a última com critérios. Sou a favor da união civil de homossexuais, mas acho complicado que isso se chame "casamento".

Para promover igualdade não é necessário ressignificar a instituição milenar que fundamentou o convívio social da civilização atual. Acho a garantia dos direitos de união civil para os homossexuais muito boa, mas a forma arbitrária como foi feita, muito ruim. Tenho certeza que alguns vão contra argumentar: "mas vocês não são a favor do amor? Deixe as pessoas se amarem e serem felizes do jeito que quiserem!" Sim, nós somos a favor do amor, porém, não do sentimentalismo.

Hoje, quando um homem diz: "Amo outro homem, tenho o direito de me casar com ele", o Estado dá o direito de unir e chamar de casamento. Será que isso não abre o precedente para daqui a pouco um homem dizer: "Amo ter relações com a minha mãe, tenho o direito de casar-me com ela"? Ou:

"Amo ter relações com um animal, tenho o direito de me casar com ele"? Ou ainda mais: "Amo um menino de 7 anos, tenho o direito de me casar com ele"? Se é o amor que determina tudo, qual é o problema de aceitarmos o incesto, zoofilia e a pedofilia? Nenhum. Você pode usar todas as lógicas que puder para me contradizer, mas terá que concordar que o amor precisa de uma moral.

O amor sem princípios éticos é um sentimento destrutivo e irracional, logo, não é amor. Já tiramos a moral judaico-cristã da maioria das esferas sociais, agora, infelizmente, é só uma questão de tempo para mais coisas começarem a acontecer. Se você é cristão, espero que tenha entendido qual deve ser seu papel diante dos seus amigos homossexuais:

Amar e abençoar. Se você é homossexual, estou orando para que também entenda sua missão para conosco: respeitar. E que em todos nós possa permanecer o verdadeiro amor — não o sentimentalizado —, mas o daquele que deu a sua vida pelos que queriam a sua morte, Jesus. Compartilho com vocês a minha oração de hoje: "Jesus, quero aprender contigo a lavar sempre o meu coração e os pés de todos com a lógica da graça e não da retribuição. Amém." — GUIAME.COM.BR. Como o Cristão Deve Lidar Com a Homossexualidade. 201

Na realidade caberá aos cristãos, em última análise, buscar maior conhecimento bíblico neste sentido antes de definir a forma correta de saber lidar com esse tipo de situação, entendendo dois pontos bastante opostos entre si, que as vezes causa certa incompreensão por parte de alguns, que alegam serem as Escrituras cheias de antagonismos. A Bíblia Sagrada não possui qualquer contradição em seus ensinamentos, simplesmente é preciso aos seus leitores buscar entender os variados sentidos nela contidos para um mesmo tema.

Lembremos que ela contém a revelação da Palavra de um Deus, e não de um homem comum, onde sua forma de agir e pensar é imensuravelmente superior ao raciocínio humano. Portanto, nosso intelecto muitas vezes se perde na profundidade de suas palavras. Através do profeta Isaías, ele nos adverte:

"Porque os meus pensamentos não são os vossos pensamentos, nem os vossos caminhos os meus caminhos, diz o Senhor. Porque assim como os céus são mais altos do que a terra, assim são os meus caminhos mais altos do que os vossos caminhos, e os meus pensamentos mais altos do que os vossos pensamentos" Isaías 55:8-10

Em dado momento as Escrituras nos dizem claramente ser o Senhor contrario ao pecado, em outros ela afirma que ele ama o pecador. Estes são exemplos claros da forma como ele lidar com os seres humanos, distinguindo o homem do pecado. Fomos criados sua imagem e semelhança, sua vontade é nos resgatar da vida de escravidão que um dia nossos primeiros pais nos condenaram a viver ao infligir as ordenanças divinas, quando estes ainda habitavam o jardim.

Porém, o fato de nos amar ao ponto de entregar o único Filho para nos libertar do julgo da servidão não o faz apoiador e compassivo com nossas iniquidades. A vontade do Pai é a mesma do Filho e do Espírito Santo: Que abandonemos a vida de pecados na qual nascemos e crescemos, para finalmente nos tornarmos sua verdadeira imagem e semelhança. Então, nós cristãos devemos seguir seu exemplo, amando todas as pessoas, mas rejeitando ser coniventes com seus atos pecaminosos.

Capítulo 7 - O Homossexualismo na Igreja Cristã

Não podemos negar que a homossexualidade é a pior e maior mancha de pecado já existente na vida do ser humano, visto que ela humilha o homem, escarnece de Deus, escandaliza a igreja e transforma a terra num palco de atos infames como jamais visto. Imaginar um homem ocupando a posição de mulher diante de outro, no momento do ato sexual, é no mínimo vergonhoso e humilhante, já que as Escrituras o classificam como a coroa da Criação e a própria imagem humana de Deus.

Por essas duas razões nenhuma outra forma de imoralidade sexual pode ser superior ao homossexualismo, ele é insuperável ao tratar-se de iniquidade humana. Certamente que se as duas cidades impertinentes de Sodoma e Gomorra, citadas em Gênesis 19:23-29, que foram consumidas pelo fogo e enxofre devido suas prostituições existissem em nossos dias, perderiam feio em termos de imoralidade sexual para o mundo em habitamos hoje. Somos, sem a menor sombra de dúvida a geração mais iníqua e perversa que já habitou este planeta.

Se por causa da transgressão de Adão a terra tornou-se amaldiçoada, imaginem sua situação na atualidade, com tamanha imundície humana, somente a misericórdia de Deus para suportá-la. Mas, apesar disso não seria correto excluir dom rol de membros de nossas igrejas alguém que tenha em si essa falha moral, que aqui posso denominar como "o mal do século", algo repugnante e quase incurável. Entretanto, a missão da verdadeira igreja de Cristo será sempre combater o todas as formas do mal nesse mundo.

Jamais aderir para si os conceitos modernistas de que Deus mudou sua ética divina e agora concorda com essa ou aquela forma de conduta humana. Devemos entender ser inaceitável concordar que duas pessoas do mesmo sexo possam se relacionar intimamente, casarem-se e se intitular uma família como outra qualquer.

Não temos o direito de julgar a ninguém, apontando erros ou falhas de quem quer que seja, mas temos o dever de defender a santidade da igreja exigida por seu fundador, Jesus Cristo, o Cordeiro que tira o pecado do mundo. E ele condena tal tipo de união, afinal, o Senhor mesmo declara em Genesis 2: 24:

"Por isso deixará o homem pai e mãe e se unirá a sua mulher, e formará com ela uma só carne". Observemos que a o Criador deixou claro que a união intima deveria ser feita entre homem e mulher, não diferente. Até mesmo os animais irracionais são institivamente levados a se acasalar entre fêmeas e machos. Como o ser humano, sendo racional e dotado da capacidade de definir o certo e o errado comete tamanha torpeza? Sem dúvida alguma só pode ser por incentivo das forças malignas.

As mesmas que atuam invisíveis nas trevas do mundo espiritual, dirigidas pelo inimigo de Deus. A igreja, como representante direta do Altíssimo, deve aceitar em seu meio os homossexuais que optarem em abdicar de seus atos imorais, abandonando tais práticas. E não aqueles que querem ser salvos a qualquer custo sem, no entanto, renunciar aos desejos imundos da homossexualidade. A estes, a verdadeira igreja de Cristo deve renegar e expulsar de seu meio, para evitar a contaminação espiritual.

É a homossexualidade um pecado? E em quem cremos?

Deus é o juiz supremo e soberano do pecado. A homossexualidade é um pecado por Sua ordem e não é algo a ser decidido pela opinião pública ou por um clero enganado/falso. As sociedades em mudança não ditam os padrões de Deus. O pecado é definido por Deus para nós na Bíblia. Ela é a fonte para o que Deus diz ser santo e justo ou pecado e abominação. Hebreus 13:8 diz que Deus é o mesmo ontem, hoje e para sempre, Ele não anda "com o fluxo".

God's Word says that homosexuality is unnatural, a perversion, an abomination, fornication, vile affections, and a great sin against Him. He states any sexual act outside of marriage is adultery (hetero or homo sexual). Sex is to be between man and woman within marriage. A Palavra de Deus diz que a homossexualidade não é natural e sim uma perversão, uma abominação, fornicação, uma paixão infame e um grande pecado contra Deus. Ele afirma que qualquer ato sexual fora do casamento é adultério (heterossexual ou homossexual).

O sexo é para ser entre um homem e uma mulher dentro do casamento. É a homossexualidade um pecado? O que isso significa. O projeto de Deus para as relações sexuais naturais faz parte de Seu plano. A homossexualidade falsifica o que Deus projetou. O pecado muitas vezes significa não apenas rejeitar a Deus, mas negar ou rejeitar como e por que somos feitos. Embora possa ser considerado aceitável por alguns hoje - mesmo em algumas igrejas - não é aceitável a Deus. E precisamos levar isso a sério.

Os pecados sexuais eram predominantes nas cidades de Sodoma e Gomorra (Esta é a origem da palavra sodomia). Apesar das advertências, eles se recusaram a se arrepender. Deus destruiu essas cidades e isso foi registrado como uma advertência para todas as gerações futuras (Gênesis 18:20-21; 19:4-5; 2 Pedro 2:6).

Algumas escrituras adicionais sobre a homossexualidade são encontradas em:

Levítico 18:22

Levítico 20:13

Romanos 1:26-27

O preço da homossexualidade e outras fornicações nos é dado em:

1 Coríntios 6:9-10

Judas 6-7

Romanos 1:18

Apesar da crescente tendência secular humanista de achar que não exista nenhum problema em ser gay, não é um estilo de vida justo. A maioria dos cristãos que se expressam não é homofóbica, mas está tentando compartilhar o amor de Cristo pelos homossexuais e tentando guardá-los do julgamento horrível.

É a homossexualidade um pecado? Há esperança de perdão?

Sim, há absolutamente uma esperança para os homossexuais. Deus pode limpar e purificar todas as pessoas do pecado. De tantas escrituras que falam sobre o pecado, há mais ainda que falam de perdão e redenção. Ele é capaz de dar livramento a qualquer um que sinceramente desejar a verdadeira liberdade e salvação. Tal é demonstrado em 1 Coríntios 6:11: "Assim foram alguns de vocês.

Mas vocês foram lavados, foram santificados, foram justificados no nome do Senhor Jesus Cristo e no Espírito de nosso Deus." Este versículo diz que "assim foram alguns de vocês", o que significa que se tornaram atos passados. Somos oferecidos a capacitação do Espírito de Deus para nos ajudar a desviar-nos de nossos pecados.

Abandonar a dependência de drogas, homossexualismo, pornografia ou outro pecado nem sempre é fácil, mas Deus proverá o caminho. Os cristãos devem trazer ao reino com amor todos aqueles que desejam arrepender-se de seus pecados diante de Deus e viver de acordo com o Seu plano natural. Jesus Cristo morreu na cruz por todos os nossos pecados.

E ressuscitou ao terceiro dia. Ele deseja que nos arrependamos e sejamos perdoados de nossos pecados ao entrarmos em um [relacionamento pessoal](#) com Ele. É comum ver líderes religiosos de algumas denominações apoiando a prática do homossexualismo entre seus membros com a falsa desculpa de que Cristo morreu na cruz por todos e que tal comportamento é aceitável, desde que se convertam ao Evangelho.

Tais heresias já haviam sido previstas desde os primórdios da igreja, quando o Espírito Santo revelou aos apóstolos, como Pedro, Paulo e Judas, a corrupção do gênero humano no final dos tempos. Pedro escreveu a igreja primitiva que no futuro surgiriam falsos mestres, ensinando os cristãos a viver em iniquidade.

"E também houve entre o povo falsos profetas, como entre vós haverá também falsos doutores, que introduzirão encobertamente heresias de perdição, e negarão o Senhor que os resgatou, trazendo sobre si mesmo repentina perdição.

E muitos seguirão as suas dissoluções, pelos quais será blasfemado o caminho da verdade. E por avareza farão de vós negócio com palavras fingidas; sobre os quais já de largo tempo não será tardia a sentença, e a sua perdição não dormita.

Porque, se Deus não perdoou aos anjos que pecaram, mas, havendo-os lançado no inferno, os entregou às cadeias da escuridão, ficando reservados para o juízo. E não perdoou ao mundo antigo, mas guardou a Noé, a oitava pessoa, o pregoeiro da justiça, ao trazer o dilúvio sobre o mundo dos ímpios.

E condenou à destruição as cidades de Sodoma e Gomorra, reduzindo-as a cinza, e pondo-as para exemplo aos que vivessem impiamente; E livrou o justo Ló. Enfadado da vida dissoluta dos homens abomináveis (Porque este justo, habitando entre eles, afligia todos os dias a sua alma justa, por isso via e ouvia sobre as suas obras injustas); Assim, sabe o Senhor livrar da tentação os piedosos, e reservar os injustos para o dia do juízo, para serem castigados.

Mas principalmente aqueles que segundo a carne andam em concupiscências de imundícia, e desprezam as autoridades. Atrevidos, obstinados, não receando blasfemar das dignidades. Enquanto os anjos, sendo maiores em força e poder, não pronunciam contra eles juízo blasfemo diante do Senhor. Mas estes, como animais irracionais, que seguem a natureza, feitos para serem presos e mortos, blasfemando do que não entendem, perecerão na sua corrupção.

Recebendo o galardão da injustiça; pois que tais homens têm prazer nos deleites quotidianos. Nódoas são eles e máculas, deleitando-se em seus enganos, quando se banqueteiam convosco. Tendo os olhos cheios de adultério, e não cessando de pecar, engodando as almas inconstantes, tendo o coração exercitado na avareza, filhos de maldição.

Os quais, deixando o caminho direito, erraram seguindo o caminho de Balaão, filho de Beor, que amou o prêmio da injustiça. Mas teve a repreensão da sua transgressão; o mudo jumento, falando com voz humana. Impediu a loucura do profeta. Estes são fontes sem água, nuvens levadas pela força do vento.

Para os quais a escuridão das trevas eternamente se reserva. Porque, falando coisas mui arrogantes de vaidades, engodam com as concupiscências da carne, e com dissoluções, aqueles que se estavam afastando dos que andam em erro, prometendo-lhes liberdade, sendo eles mesmos servos da corrupção.

Porque de quem alguém é vencido, do tal faz-se também servo. Porquanto se, depois de terem escapado das corrupções do mundo, pelo conhecimento do Senhor e Salvador Jesus Cristo, forem outra vez envolvidos nelas e vencidos, tornou-se o último estado pior do que o primeiro.

Porque melhor lhes fora não conhecerem o caminho da justiça, do que, conhecendo-o, desviarem-se do santo mandamento que lhes fora dado. Deste modo sobreveio-lhes o que por um verdadeiro provérbio se diz: O cão voltou ao seu próprio vômito, e a porca lavada ao espojadouro de lama". (2 Pedro 2:1-22). O apóstolo é enfático ao dizer que todos os incentivadores, bem como os praticantes de atos imorais prestarão contas disso diante do Todo Poderoso, quando ele vier julgar cada um de acordo com suas obras.

Tanto os imorais, quanto seus apoiadores serão juntamente punidos com a condenação eterna. Pedro demonstra-se transtornado após receber a revelação da situação vergonhosa em que se encontraria a igreja nos séculos vindouros, sua irritação é notória no texto sagrado. A igreja que deveria conter o avanço da iniquidade acabaria por ser vencida pelo mal e os líderes seriam coniventes com todo tipo de pecados entre seus membros.

E essa época já chegou, estamos vivendo um período de apostasia e rejeição aos ensinamentos bíblicos como nunca houve igual. Paulo, em sua carta enviada a seu discípulo Timóteo, também alertou sobre o que aconteceria com os futuros cristãos. Suas palavras, foram:

"Mas o Espírito expressamente diz que nos últimos tempos apostatarão alguns da fé, dando ouvidos a espíritos enganadores. E a doutrinas de demônios. Pela hipocrisia de homens que falam mentiras, tendo cauterizada a sua própria consciência". 1 Timóteo 4:1,2

Paulo colocou em evidencia que surgiriam na igreja "espíritos enganadores", que iriam contaminar a consciência cristã da igreja em relação a verdade com doutrinas de demônios. Vemos isso claramente no momento em que pastores evangélicos permitem a prática de diversas formas de imoralidade sexual em seus ministérios, principalmente o homossexualismo.

Estes sacerdotes de Baal são homens e mulheres dominadas pelo espirito das trevas citado nas Escrituras pelos apóstolos de Jesus. O homossexual pode ser liberto dessa escravidão sexual, basta tão somente desejar isso em sua vida. Existem vários exemplos de pessoas que foram libertos dessa maldição mediante a intercessão feita a Deus por verdadeiros crentes. Que ao invés de ficar apoiando tais safadezas acharam mais útil clamarem ao Senhor pela libertação dos condenados. Leiamos, abaixo, a confissão de um ex – homossexual:

A Carta De Um Ex – Homossexual

A homossexualidade me veio fácil, pois eu já era fraco. Minha mãe morreu quando eu tinha 19 anos. Meu pai morreu quando eu tinha 13.

Bem novo, eu já estava confuso sobre quem eu era e como eu me sentia acerca dos outros. Minha confusão sobre "desejo" e o fato de que eu percebia que me sentia "atraído" aos rapazes fez com que eu me colocasse na categoria "gay" com a idade de 14. Com 20 anos, saí do armário diante de todos ao redor de mim. Com 22, me tornei editor da primeira revista dirigida ao público gay jovem.

Seu conteúdo fotográfico era quase pornográfico, mas eu imaginava que eu poderia usá-la como plataforma para coisas maiores e melhores. Em seguida, nasceu a revista *Young Gay America* (América Gay Jovem). Seu objetivo era preencher a lacuna que a outra revista (para a qual eu havia trabalhado) havia criado — isto é, qualquer coisa não tão pornográfica, dirigida à população de americanos gays jovens. A revista *Young Gay America* decolou.

Os gays reagiram com alegria à revista *Young Gay America*, que recebeu prêmios, reconhecimento, respeitabilidade e grandes honras. Inclusive o Prêmio Nacional Papel Modelo da grande organização gay Equality Forum (Fórum da Igualdade) — que foi dado ao Primeiro Ministro do Canadá Jean Chrétien um ano depois — e muitas oportunidades para aparecer nos meios de comunicação, do canal da TV pública até a capa da revista *Time*.

Produzi, com a assistência da TV pública e do Fórum Igualdade, o primeiro filme documentário a lidar com a questão do suicídio entre adolescentes gays. "Jim In Bold", que viajou o mundo e foi premiado em muitos festivais.

Young Gay America criou uma exposição de fotos e estórias de jovens gays da América do Norte, que foi levada em viagem pela Europa, Canadá e partes dos Estados Unidos. *Young Gay America* lançou a Revista YGA em 2004, para fingir ser um complemento puro para as revistas de bancas dirigidas aos jovens gays.

Eu digo "fingir" porque a verdade era, YGA era tão prejudicial como todas as outras revistas do tipo no mercado, mas era mais "respeitada", porque não era explicitamente pornográfica. Levou quase 16 anos para eu descobrir que o homossexualismo em si não é exatamente uma "virtude". Era difícil eu explicar meus sentimentos acerca da questão, considerando que minha vida estava muito envolvida no homossexualismo. O homossexualismo, apresentado às mentes jovens, é por sua própria natureza pornográfico.

Destrói mentes facilmente influenciáveis e confunde sua sexualidade em desenvolvimento, porém só vim a reconhecer isso quando eu tinha 30 anos. A Revista YGA esgotou a venda da sua primeira edição em várias cidades da América do Norte. Havia apoio extremo, de todos os lados, para a Revista YGA; escolas, grupos de pais, bibliotecas, associações governamentais.

Todo o mundo parecia querer a revista. Atingiu em cheio a tendência de "aceitar e promover" o homossexualismo, e eu era considerado líder. Fui convidado para dar palestra no prestigioso Fórum JFK Jr. na Faculdade Kennedy de Governo da Universidade de Harvard em 2005.

Foi depois de ver minhas palavras numa fita de vídeo dessa atuação que comecei a ter dúvidas sérias quanto ao que eu estava fazendo com minha vida e influência. Não conhecendo ninguém de quem eu poderia me aproximar com meus questionamentos e dúvidas, voltei-me para Deus. Desenvolvi um relacionamento crescente com Deus, graças a uma crise debilitante de dores intestinais provocadas pelas condutas em que eu estava envolvido. Logo, comecei a entender coisas que eu jamais tinha sabido que poderiam ser reais.

Tais como o fato de que eu estava liderando um movimento de pecado e perversão, e minha descoberta não foi baseada em dogmas religiosos. Cheguei a essa conclusão por mim mesmo. Ficou claro para mim, enquanto eu pensava sobre isso — e realmente orava sobre isso — que o homossexualismo nos impede de achar nossa verdadeira personalidade.

Quando estamos na cegueira do homossexualismo, não conseguimos ver a verdade. Cremos, sob a influência do homossexualismo, que a cobiça sexual não só é admissível, mas também que é uma virtude. Contudo, não existe nem um só desejo homossexual que seja desligado dessa cobiça sexual. A fim de negar esse fato, eu havia lutado para apagar tal verdade custasse o que custasse.

Eu me atirava às tentações da cobiça sexual e outras condutas usando as muitas desculpas populares que alegam que não somos responsáveis pelo que fazemos. Mas somos vítimas de situações, ou nascemos assim, etc. Eu tinha plena convicção — graças ao clima social e aos líderes mundiais — de que eu estava fazendo a coisa certa.

Movido a buscar a verdade, pelo fato de que nada me fazia sentir bem, busquei dentro de mim mesmo. O que eu descobri — o que aprendi — sobre o homossexualismo é estupendo. Minha "descoberta" inicial dos desejos homossexuais ocorreu no colégio, quando reparei que eu olhava para os outros rapazes. Minha cura ocorreu quando ficou decididamente claro que eu deveria — a fim de não arriscar prejudicar mais pessoas — prestar atenção a mim mesmo.

Toda vez que sentia a tentação de cobiçar outros homens, eu pegava a tentação e lidava com ela. eu a chamava pelo seu nome, e então simplesmente a deixava sumir por si mesma. Existe uma diferença imensa e vital entre admiração artificial — de nós mesmos ou de outros — e admiração total.

Ao nos amar completamente, não mais precisamos de nada do mundo "de fora" com seus desejos e cobiças sexuais, reconhecimento dos outros ou satisfação física. Nossos impulsos se tornam intrínsecos à nossa própria essência, sem os impedimentos provocados por nossas distrações obsessivas.

O homossexualismo permite que evitemos nos aprofundar em nós mesmos. Ficamos na superficialidade e atrações inspiradas por cobiças sexuais — pelo menos, enquanto a lei "aceita" o homossexualismo. Como consequência, um número grande de homossexuais não consegue achar sua personalidade mais real. Sua personalidade em Cristo que é presente de Deus. O homossexualismo, para mim, começou aos 13 anos e terminou logo que eu me isolei das influências externas.

E me concentrei intensamente na verdade interna — Quando eu descobri, com a idade de 30, as profundezas da personalidade que deus me deu. Muitos que se encontram aprisionados ao homossexualismo ou a outras condutas lascivas veem Deus como inimigo, pois Ele os faz lembrar quem e o que eles foram realmente criados para ser. Gente apanhada no ato de seu pecado preferiria permanecer numa "ignorância feliz" e silenciar a verdade e os que a falam, por meio de antagonismo, condenação e aplicando-lhes termos como "racista", "insensível", "perverso" e "discriminador".

Não é fácil se curar das feridas que a homossexualidade provoca — obviamente, há pouco apoio para quem busca ajuda. O pouco de apoio que existe é debochado, ridicularizado e silenciado pela retórica ou criminalizado pela deturpação das leis. A fim de achar apoio, tive de investigar meu próprio estado de vergonha e as vozes "condenadoras" de todos os que eu havia conhecido.

Parte da agenda homossexual é fazer com que as pessoas achem que nem vale a pena pensar em conversão — e muito menos pensar que a conversão funciona. Em minha experiência, "sair do armário" da influência da mentalidade homossexual foi a coisa mais libertadora, bela e estupenda que já experimentei na minha vida inteira. A cobiça sexual nos tira de nosso corpo, "ligando" nossa mente à forma física de outra pessoa. É por isso que jamais dá para se satisfazer o sexo homossexual — e todas as outras relações sexuais com base na cobiça sexual: É uma rotina de obsessão, não tendo nada de natural e normal.

Normal é normal — e se chama normal por uma boa razão. Anormal significa "aquilo que nos machuca, machuca o que é normal". A homossexualidade nos tira de nosso estado normal, de nosso estado de união perfeita em todas as coisas, e nos divide, fazendo com que fiquemos eternamente obcecados por um objeto físico externo que jamais conseguimos possuir.

Os indivíduos homossexuais — como todas as pessoas — anseiam o verdadeiro amor imaginário, que realmente não existe. O problema com o homossexualismo é que o verdadeiro amor só chega quando não há nada nos impedindo de deixá-lo brilhar do nosso interior. Não conseguimos ser nós mesmos quando nossas mentes estão presas num ciclo de mentalidade grupal de cobiça sexual sancionada, protegida e celebrada.

Deus me visitou quando eu estava confuso e perdido, sozinho, com medo e angustiado. Ele me disse — por meio da oração — que eu não tinha absolutamente nada a temer, e que eu estava "em casa"; tudo o que eu precisava era fazer uma limpeza geral em minha mente. Creio que todas as pessoas, intrinsecamente, conhecem a verdade. Creio que é por isso que o Cristianismo deixa as pessoas tão assustadas — por fazê-las lembrar de sua consciência, que todos possuímos.

A consciência nos ajuda a fazer uma diferença entre certo e errado e é uma orientadora por meio da qual podemos crescer e nos tornar seres humanos mais fortes e livres. Ser curado do pecado e da ignorância é sempre possível, mas a primeira coisa que alguém deve fazer é sair das mentalidades que dividem e conquistam nossa essência humana.

Dá para se achar a verdade sexual, contanto que estejamos dispostos e motivados a aceitar que a sociedade em que vivemos permite condutas que prejudicam a vida. Não se deve deixar que o sentimento de culpa seja desculpa para evitar as perguntas difíceis.

O homossexualismo roubou quase 16 anos da minha vida e os comprometeu com uma mentira ou outra. Perpetuada por meio dos meios de comunicação nacionais dirigidos às crianças. Nos países europeus, o homossexualismo é considerado tão normal que as crianças do primeiro grau estão recebendo livros sobre crianças "gays" como leitura obrigatória nas escolas públicas.

A Polônia, um país que conhece muito bem a experiência da destruição de seu próprio povo por forças externas, está corajosamente tentando impedir a União Europeia de doutrinar suas crianças. Principalmente com a propaganda homossexual. Em resposta, a União Europeia chamou o primeiro ministro da Polônia de "repugnante". Por muito tempo, eu era repugnante. Eu ainda lido com toda a culpa que sinto por esse estilo de vida. Como um dos líderes do movimento homossexual nos Estados Unidos, tive a oportunidade de me dirigir ao público muitas vezes.

Se eu pudesse desfazer algumas das coisas que eu disse, eu desfaria. Agora sei que a homossexualidade tem tudo a ver com a cobiça sexual e a pornografia. É um pacote completo. Por isso, jamais deixarei que alguém tente me convencer do contrário, não importa que suas estórias sejam doces ou tristes.

Tenho experiência própria. Conheço a verdade. Deus nos deu a verdade por um motivo. A verdade existe para que possamos ser nós mesmos. Existe para que possamos ter parte na nossa própria personalidade individual no mundo, para aperfeiçoar o mundo. Isso não é trama irreal ou ideal estranho — isso é a Verdade.

A nossa cura dos pecados do mundo não acontecerá num instante. Mas acontecerá se não deixarmos que o orgulho a bloqueie. E, caso você não saiba, no final quem vence é Deus — MICHAEL GLATZE, americano, 35 anos, ex-diretor de uma importante revista LGBT dos E.U.A. e ex-homossexual, 2012

Este testemunho tem impactado a vida de muitos outros jovens que como Michael Glatze já decidiram se livrar das amarras do homossexualismo, por perceberem que essa é uma influencia maligna e que para seguir os passos de seu Mestre, Jesus, é necessário mais que apenas fazer parte de um grupo religioso. É preciso se converter de todo coração ao cristianismo e abandonar por completo a imoralidade sexual, a devassidão e a prática voluntária do pecado. Se aproxima o final dos tempos e a vinda do Filho de Deus para levar sua igreja, que será formada apenas por aqueles que de fato abdicarem de seus maus caminhos e não vivem de acordo com aquilo que o mundo secular ensina.

Destituídos das suas próprias vontades e livres da influência maligna do Diabo. A verdadeira Noiva do Cordeiro, a eleita de Cristo, é pura, santa e lavada no seu sangue. Não compartilha das iniquidades desta geração nem concorda com seus propósitos materialistas, pecaminosas e maliciosas. Glórias a Deus, ora vem Senhor Jesus!

I. Exortação à santificação (Hb 12.12-17)

Santificação é o processo de modelagem pelo qual a essência da imagem e semelhança de Deus, desonrada pelo pecado, vai sendo regravada no coração do homem. A santificação é operada pelo Espírito Santo de Deus e leva em conta a renúncia do "eu", desejos e vontades da carne, pela decisão incondicional de seguir a Cristo.

Numa direta conexão com o parágrafo anterior, que tratou dos atos disciplinares de Deus, a carta apresenta, agora, os aspectos pertinentes ao esforço do cristão. São palavras de encorajamento que, também, trazem à memória promessas extraídas de porções proféticas. O objetivo do autor é levar seus leitores a uma busca constante e diligente (esforço pessoal) do padrão divino de espiritualidade (santidade), que se opõe aos fracassos e derrotas da carne. São conselhos que devem ser observados.

1. Não se deixe abater pelo desânimo (Hb 12.12)

Usando Isaías 35.3, o autor da carta aos Hebreus traz à memória as bênçãos do reino restaurado, prometido àqueles que permanecem firmes.

Tanto o profeta Isaías como o autor dessa carta têm em mente a eficácia da vigilância espiritual – santificação (Is 35.4). Mãos descaídas e joelhos trôpegos reproduzem uma imagem negativa, sugerem desalento e ruína, inadequados àqueles que têm a promessa da vitória em Cristo (Rm 8.37; 1Co 15.57-58).

2. Não pegue atalhos (Hb 12.13)

A exortação aqui é contra os descaminhos que conduzem à perdição. Eles são ameaça à vida espiritual. O caminho que conduz à cidade eterna não tem atalhos ou desvios, é caminho reto por onde pode andar com segurança até mesmo "o manco". "Existem 'mancos' entre as fileiras dos filhos de Deus. Eles são especialmente ameaçados na vida espiritual" (Fritz Laubach, p.212).

3. Siga a paz (Hb 12.14)

Esforçar-se em prol da paz é dever de todos. Compartilhar com o próximo a paz que temos em Deus faz parte do processo da nossa santificação (cf. Rm 12.17-20). A paz que domina o coração do cristão deve, também, guiar o seu relacionamento interpessoal. *"Aparta-te do mal"* (Sl 34.14).

4. Busque a santidade (Hb 12.14)

Santificação é separação do pecado para Deus; sugere pureza de alma, consagração, desvio de contendas, da imoralidade, da incredulidade e de qualquer tipo de idolatria.

é indispensável para um viver vitorioso e agradável a Deus; deve ser buscada constantemente, pois só a santificação corrige as imperfeições geradas pelo pecado e leva o homem a participar da própria santidade de

Deus: *"... Deus, porém, nos disciplina para aproveitamento, a fim de sermos participantes da sua santidade"* (Hb 12.10).

5. Evite a contaminação (Hb 12.15)

O autor associa amargura com contaminação. A amargura corrompe, começa dentro da pessoa e vai contaminando o ambiente todo. Santificação pressupõe vigilância pessoal e propósito firme para o combate a qualquer raiz que possa produzir amargura (cf. Dt 29.16-19). O antídoto, aqui, é o apropriar-se da graça: *"ninguém seja faltoso, separando-se da graça"*.

6. Cuidado com as escolhas (Hb 12.15-18)

Aquele que se desvia da graça é comparado a Esaú, que trocou seu direito de primogenitura por um repasto. "Sua estultícia em trocar seu privilégio como filho primogênito veio a ser um exemplo de todos aqueles que colocam vantagens materiais ou sensuais antes da sua herança espiritual"

(Guthrie, p.242). Segundo alguns comentaristas, a palavra *"profano"* pode ser entendida como irreligioso – alguém que caminha na contramão da espiritualidade. A terrível escolha de Esaú não podia ser desfeita: *"não achou lugar de arrependimento"* (Hb 12.17).

Escolhas erradas podem deixar marcas irreversíveis naqueles que se apartam da *"graça de Deus"*.]

II. O Sinai terreno e a Sião celestial (Hb 12.18-24)

Nesse parágrafo, o autor retoma o tema principal: a supremacia da nova aliança. Os elementos físicos e estrondosos percebidos na outorga da lei, no Sinai, dão lugar ao "*sangue da aspersão que fala coisas superiores*", no monte Sião, a Jerusalém celestial, símbolo do evangelho da graça, que nos compromete com a santificação.

1. As marcas do Sinai terreno (Hb 12.18-21)

Não obstante reverente e majestosa, a revelação divina no Sinai expressa a imperfeição e a limitação da antiga aliança, e os efeitos assustadores que provocava nas pessoas.

a) Percebidas através dos sentidos físicos (Hb 12.18-19)

A outorga da lei foi acompanhada por sinais palpáveis aos homens. O pano de fundo dessa porção foi extraído dos relatos de Êxodo 19.12-25.

20.18-21 entre outros. A ideia do autor é trazer à memória os aspectos físicos que cercavam a antiga aliança.

b) Caracterizadas pelo medo (Hb 12.20-21)

A natureza inspiradora de temor daquele evento fala por si mesma. As manifestações visíveis de Deus eram aterradoras: *o fogo, as trevas, a tempestade e o clangor da trombeta* caracterizavam o juízo divino, impossível de ser suportado pelos homens. A citação: *"pois já não suportavam o que lhes era ordenado"* (Hb 12.20) dá ideia do pavor que o espetáculo glorioso proporcionava. O autor chega a interpretar os sentimentos do próprio Moisés: *"Na verdade, de tal modo era horrível o espetáculo, que Moisés disse: Sinto-me aterrado e trêmulo"* (Hb 12.21).

c) Protagonizadas por um Deus distante (Hb 12.20)

Na antiga aliança, o relacionamento de Deus com o Seu povo é marcado pelo distanciamento, pela separação, a exemplo da proposta do Santo dos Santos. O texto de Êxodo 19, citado pelo autor, mostra o método usado por Deus para relacionar-Se com a Sua criação na antiga aliança: *"Marcarás em redor limites ao povo, dizendo: Guardai-vos de subir ao monte, nem toqueis o seu termo; todo aquele que tocar o monte será morto"* (Êx 19.12-13).

2. O caráter distintivo da nova aliança – Sião celestial (Hb 12.22-24)

Em profundo contraste com a antiga, a nova aliança enfatiza o acolhimento divino expresso na graça disponível aos que creem. Não há mais lugar para o medo nem para o distanciamento de Deus. A santidade de Deus permanece inabalável; todavia, na nova aliança, é cercada de abundante graça.

a) Percebido através dos sentidos espirituais (Hb 12.22)

A proximidade com Deus dá o toque espiritual que contrapõe o Sinai, o lugar da lei, com a Jerusalém celestial, a cidade do Deus vivo, o lugar da redenção. A linguagem usada dá um tom vívido de espiritualidade. Não há nada terreno ou físico que possa sugerir alguma limitação ou imperfeição à nova aliança. A ideia é dar ênfase a esse caráter espiritual da nova aliança.

b) Caracterizado pela alegria (Hb 12.22-23)

Não estão mais em foco as demonstrações aterrorizantes do Sinai. Deus mudou a forma. A nova aliança se caracteriza por uma *assembleia festiva, alegre e encorajadora*. O contexto sugere paz e harmonia. Os adoradores são estimulados a uma adoração verdadeira e espontânea. O texto sugere um ambiente de profunda comunhão e grande gozo, resultantes dessa exuberante festa espiritual.

c) Protagonizado por um Deus acessível (Hb 12.24)

É oportuno lembrar, aqui, uma das mais preciosas citações de Jesus: *"Vinde a mim, todos os que estais cansados e sobrecarregados, e eu vos aliviarei"* (Mt 11.28). Jesus é o Deus Filho, o Mediador da nova aliança, Aquele que bondosamente chama as pessoas para O seguirem, andarem com Ele e aprenderem Dele. Em Cristo, um *"novo e vivo caminho"* nos aproxima de Deus (Hb 10.19-22). O acesso a Deus agora é possível porque o sangue da nova aliança justifica; enquanto, na antiga aliança, o sangue de Abel acusava.

3) Atenção à voz de Deus (Hb 12.25-29)

A última seção deste capítulo começa com uma advertência solene: *"Tende cuidado, não recuseis ao que fala"* (Hb 12.25). Não sejam tais como aqueles que *"suplicaram que não se lhes falasse mais"* (Hb 12.19). O sangue de Cristo é, agora, a voz de Deus. Nossa responsabilidade é infinitamente maior. Uma vez que somos parte da nova aliança, firmada no evangelho da graça, que fala de um reino eterno e inabalável, espiritual e não terreno, devemos ter ouvidos atentos. Àquele que fala coisas superiores.

a) Deus ainda é o mesmo (Hb 12.25)

Aquele *"que dos céus nos adverte"* e Aquele que *"os advertia sobre a terra"* (Hb 12.25) são os mesmos. A substituição dos estrondos pela sublimidade da graça não indica que Deus Se tornou condescendente com o pecado. Na verdade, a advertência celestial exige maior responsabilidade do homem. A severidade de Deus transcende o tempo e a geografia do universo. Se os israelitas não escaparam devido à sua incredulidade, muito menos nós escaparemos, especialmente porque temos a plena revelação de Cristo e Sua obra mediadora. Deus muda o método, jamais Seus princípios. Há, neste verso 25, uma síntese da exortação já comunicada em Hebreus 2.1-4.

b) A inabalável aliança exige santidade (Hb.26-27)

Os fenômenos físicos que acompanhavam a antiga aliança caracterizavam coisas que podem ser abaladas, coisas ligadas ao que é terreno, transitório e passageiro, que, segundo o autor desta carta, serão *"ainda uma vez por todas"* abaladas. Está em foco aqui um acontecimento vindouro, acompanhado de estrondos sobrenaturais (cf. 2Pe 3.10-13).

Com isso em mente, ele transmite a ideia da superioridade da nova aliança, definitiva e inabalável, "autenticada" pelo *"sangue da aspersão"*, o sangue do Cristo vivo que *"ontem e hoje, é o mesmo e o será para sempre"* (Hb 13.8) O autor retoma o tema da santificação quando fala da *"remoção dessas coisas abaladas"*: um aviso e um apelo à espiritualidade.

A santificação deve ser o alvo e o estilo de vida dos cristãos (cf. Hb 12.14), que os mantém ligados no que é próprio do mundo perene (2Co 4.18; 1Pe 1.13-16).

c) No reino espiritual, o essencial é gratidão e serviço (Hb 12.28-29)

Na carta aos Efésios, Paulo declara que Deus nos chamou *"para louvor da glória de sua graça"* (Ef 1.6), ou seja, declara a essencialidade do serviço cristão: verdadeiros adoradores. Desta forma, o autor da carta aos Hebreus destaca aspectos desse serviço de adoração:

– Agradável

Pois deve ser recebido, aceito diante de Deus;

– Reverente

Pois devemos reconhecer nossa indignidade diante da majestade e da santidade de Deus;

– Com santo temor

Pois o caráter reto e justo de Deus jamais inocenta o culpado (Na 1.3). *"Nosso Deus é fogo consumidor"* (Hb 12.29).

Considerações Finais

A Igreja cristã destes últimos dias encontra-se fragmentada em diversos seguimentos religiosos, cada um com sua doutrina e conceitos, geralmente errados, sobre a verdadeira missão a qual foi designada a cumprir neste mundo. O real propósito de Cristo vir verter seu sangue na cruz era de possibilitar um meio de reconciliação entre Deus e o homem, para que ambos voltassem a se relacionar em plena paz.

E comunhão como ocorria antes da queda no éden. Porém, como ele não poderia dar continuidade a essa missão para sempre, fundou a igreja ao nomear seus doze apóstolos e os demais convertidos, comissionando os mesmos a levar o Evangelho a toda criatura, até os confins da terra.

Aconteceu que, devido a ambição do homem por bens e riquezas deste mundo, essa ideia de conduzir o pecador ao caminho da salvação acabou sendo esquecida e substituída pela busca incansável pelo materialismo. Assim, os líderes religiosos pouco se importam com o destino espiritual daqueles que frequentam seus luxuosos templos, visando apenas o lucro que deles obtém, através da doutrina dos dízimos e ofertas.

Vendendo os dons recebidos gratuitamente do Espírito da Graça, para a edificação da igreja, convencendo os cristãos com pouca ou nenhum conhecimento bíblico de que Deus não está mais preocupado com a espiritualidade de seu povo.

Tão pouco se interessa mais pela a santidade de seus filhos nem com o tipo de vida absoluta que levam neste mundo. De acordo com a nova doutrina destes discípulos de satanás, a busca frequente de bens materiais é o que importa, que os cristãos devem ser ricos, que a pobreza é uma maldição do diabo sobre aqueles que não estão cumprindo cabalmente com as determinações exigidas por seus pastores, como a entrega do dízimo e de ofertas no templo e que abençoados serão somente os que não falham com tais compromissos.

Em suma, para ser abençoado o crente deve pagar primeiro. De olhar voltado apenas para o dinheiro, o ouro e a prata que facilmente lhes enriquecem, estes falsos profetas conduzem a igreja de forma negligente e deixam suas ovelhas a mercê do mercenário, que vem e arrasta elas de volta para o mundo e as escraviza novamente no pecado. Nossos jovens se prostituem, praticam todo tipo de imoralidade, vivem dominados pela devassidão e a imoralidade sexual, em destaque a homossexualidade, sem que haja quem lhes esclareça a verdade e firme seus pés no caminho da liberdade espiritual.

É chegada a hora em que cada um de nós devemos nos despertar do sono da indolência e procurar ler mais as Escrituras para ter maior conhecimento das verdades divinas nela descritas, orar com mais fervor afim de nunca perder a comunhão com o Espírito de Deus, nos afastar das iniquidades deste século, evitarmos a imoralidade.

Os desejos desenfreados, nos limpar das mazelas deste mundo e nos voltarmos verdadeiramente ao Senhor que deu na cruz sua vida por cada um de nós. Espero que com estas palavras e tudo o que foi dito e ensinado nesta obra, possa ter ajudado o leitor a conduzir melhor seus passos em direção a um fim com certeza de vida eterna.

Biografia

O autor é brasileiro, natural do Estado do Maranhão. Nasceu na cidade de Caxias das Aldeias Altas no ano de 1965. Poeta, romancista e escritor e Doutor em Teologia, possui diversas obras publicadas em variados temas, tais como: Poemas, romances, contos e comentários bíblicos. Além de atuar na literatura coopera com artigos para blogs e revistas de cunho literário.

Contatos

E-Mail:

    autorabdenal@gmail.com

    drabdenal@gmail.com

    pastorabdenalcarvalho@gmail.com

Redes Sociais:

    http://facebook.com/EscritorAbdenal

    http://twitter.com/EscritorAbdenal

Outras Obras Semelhantes

— A Igreja Através dos Séculos

— Deus e o Homem Através dos Séculos

— Coleção Conceitos Bíblicos – Volume 1

— **Coleção Conceitos Bíblicos -Volume 2**

— **Céus de Bronze (Quando Deus Não Responde as Orações)**

Para adquirir estes títulos o leitor deve acessar as lojas Kindle e pesquisar pelo título da obra ou nome do autor.

Referência

— Pr. Antônio Junior. A Lei da semeadura na Bíblia, 2018

— AGUILAR, rubens. O Homossexualismo na sociedade e na Igreja, SALT BRASIL. 2017

—Revista Super Interessante. Gay também é Crente, Edição 399. 2018

— HOMÍLIA DÁRIA. Jesus é a Maior Prova do Amor de Deus Por Nós. 2019

— GUIAME.COM.BR. Como o Cristão Deve Lidar Com a Homossexualidade. 2019

https://www.allaboutgod.com/portuguese/e-a-homossexualidade-um-pecado.htm

.— MICHAEL GLATZE, americano, 35 anos, ex-diretor de uma importante revista LGBT dos E.U.A. e ex-homossexual, 2012

— Pr. Antônio Junior. A Lei da semeadura na Bíblia, 2018.

CPSIA information can be obtained at www.ICGtesting.com
Printed in the USA
BVIW121118021019
559807BV00034B/285